D1751000

Jacob Ovens

MCE
KRIMI

Thomas B. Morgenstern

Jacob Ovens

Hochstapler – Betrüger – Deichbauer

Eine historische Kriminalerzählung

© 2009 MCE Verlag
(MCE Verlagsgesellschaft mbH & Co. KG – Medien Contor Elbe)
Sietwender Straße 48, D-21706 Drochtersen
Tel. 0 41 43 / 435, Fax 0 41 43 / 67 82
Internet: www.mce-verlag.de, Mail: info@mce-verlag.de
1. Auflage Oktober 2009
Alle Rechte sind dem Verlag vorbehalten!
Titelentwurf und Satz: Digiscreen, Stade
Druck: CPI – Clausen & Bosse, Leck
ISBN: 978-3-938097-18-2

Für Anette. Du fehlst!

„Mein König hat Geld, ich habe Courage!"

(Jacob Ovens)

Versuch einer Annäherung

Wissenschaftliche und technische Experimente waren zu Beginn des 18. Jahrhunderts weit verbreitet. Der Mensch löste sich von dem Glauben, dass alles, was auf der Erde geschieht, durch göttlichen Willen vorherbestimmt sei. Dieses neu erwachte Vertrauen in die Kraft des Verstandes war sicher einer von mehreren Gründen, auch Ungewöhnliches zu wagen, wie zum Beispiel einem Glücksritter wie Jacob Ovens, dessen bisheriges Leben wenig Stetiges vorzuweisen hatte, eine so wichtige Aufgabe wie die Reparatur eines katastrophalen Deichbruchs anzuvertrauen. Es war eine Epoche, in der über die Bildung niederer Volksschichten nachgedacht wurde, Akademien gegründet und wissenschaftliche Experimente bejubelt wurden. An den europäischen Höfen überboten sich die Erfinder, Gaukler und Scharlatane mit immer neuen, zum Teil aberwitzigen Ideen und Vorschlägen. Alle waren sie erfüllt von der Hoffnung, dass ausgerechnet ihre Erfindung oder Vorführung die Gunst des Herrschers gewinnen würde. Jacob Ovens war ein typischer Vertreter dieser Zeit, in der es immer öfter zur Auseinandersetzung zwischen absolutistischem Herrschaftsanspruch und individuellem Denken kam.

Jacob Ovens kam Ende des 17. Jahrhunderts in Dithmarschen zur Welt, seine Geburt ist wie sein Tod nicht genau datierbar. Sein Leben war sehr bewegt. Er reiste durch halb Europa, wurde wiederholt wegen Betrugs und anderer Delikte gesucht, wohnte und arbeitete eine Zeitlang in Kopenhagen und in London. Er fuhr zur See, betrieb eine Schankwirtschaft, versuchte sich mehrmals in der Landwirtschaft, konstruierte Grützmühlen und Schlammbagger und landete schließlich 1719 im Kurfürstentum Hannover. Dort erhielt er den Auftrag, den Deichbruch von 1717 in Wischhafen an der Elbe zu schließen, ein Unterfangen, an dem schon mehrere erfahrene Deichbauer gescheitert waren.

Ovens war von Anfang an in Wischhafen umstritten. Fachleuten war es unverständlich, wie man einem Mann mit einer derartigen Vita solch eine Aufgabe anvertrauen konnte, andere sahen in ihm dagegen eine Art Heilsbringer, der nach zwei verlorenen Jahren endlich das fast Unmögliche schaffen sollte.

Ovens umgab sich schnell mit ihm ergebenen Adlaten, flocht Beziehungen bis in die Spitze der Regierung und konnte zuerst auch schnelle Erfolge bei der Reparatur des gebrochenen Deiches vorweisen.

Aber seine Deichbaumaßnahmen wurden ihm wie seinen Vorgängern durch eine ungewöhnlich schnelle Abfolge von Sturmfluten wieder zerstört. Die ausbleibenden dauerhaften Erfolge ließen schließlich Widerstand gegen ihn aufkommen. Ovens galt als despotisch, herrisch und ungerecht und viele glaubten, er würde sich persönlich bereichern.

Eine Kommission zur Klärung der Sachverhalte wurde eingesetzt und stellte fest, dass die Rechnungsführung von Ovens nicht nachvollziehbar war und dass er schweren Betrug begangen hatte. Er wurde verhaftet und in Stade in das neu erbaute Gefängnis, die Engelsburg, eingeliefert.

Ovens floh und wurde ein paar Tage später in Neumünster wieder gefasst, nach Kiel überführt und nach diplomatischen Verwicklungen zwischen Dänemark und dem Kurfürstentum Hannover schließlich in Stade zu Folter und lebenslänglicher Haft verurteilt. In Celle, wohin er unter schwerer Bewachung gebracht worden war, verliert sich im Jahr 1726 seine Spur im Zuchthaus.

1724 erschien in Frankfurt und Leipzig „Mein Lebens-Lauff", eine angeblich authentische Autobiographie von Jacob Ovens. Im Anhang ist sie, unter Mitarbeit von Charlotte Böttiger behutsam in lesbares Deutsch übertragen, in Auszügen nachzulesen. Diese mutmaßliche Fälschung habe ich zum Anlass genommen, in fiktiven Aussagen einiger Weggefährten den Versuch einer Annäherung an dieses bewegte Leben zu wagen.

Im Anhang finden sich auch eine kleine Literaturliste und Erklärungen heute unbekannter Begriffe, die im Buch auftauchen.

Thomas B. Morgenstern, im Sommer 2009

Prolog

Der Wind, der am Tag vor dem Heiligen Abend 1717 heftig aus Südwest geweht hatte, entwickelte sich am nächsten Morgen immer mehr zu einem Sturm. Mittags drehte der Wind auf westliche Richtung und wurde noch heftiger. Am frühen Nachmittag blies er aus Nordwest und die Einwohner von Kehdingen bekamen es mit der Angst zu tun, viele wagten sich kaum aus ihren Häusern, um in den Kirchen die Weihnachtsgottesdienste zu besuchen. Während der Gottesdienste konnten die Gläubigen kaum der Liturgie folgen oder die Predigt des Pfarrers verstehen, so tobte und heulte der Wind um die Kirchtürme, die aber, wie schon so oft, standhielten. Gegen Mitternacht flaute es wieder ab und die Menschen, die sich schließlich durch den Sturm in ihre Häuser gekämpft hatten, gingen beruhigt zu Bett. Solche Stürme hatte man schon viele überstanden, außerdem stand der Mond im letzten Viertel. Bei einer solchen Konstellation der Gestirne, das wusste man, drohte keine Springtide.

Gegen ein Uhr, Kehdingen schlief, drehte der Wind weiter auf und wurde rasend schnell zu einem gewitterträchtigen Orkan aus Nordwest, so blitzartig, dass die Sturmglocken der Kirchen nicht mehr läuten konnten. Mit voller Wucht wurden Kehdingen und die gesamte Nordseeküste von einer gewaltigen Sturmflut getroffen, der stärksten seit Menschengedenken.

Der brüllende Lärm des Orkans, die Blitze und Donnerschläge rissen die Menschen aus dem Schlaf. Kaum jemand fand die Zeit, sich anzuziehen. Ganze Familien retteten sich, nur mit Nachtwäsche bekleidet, auf die Dachböden ihrer Häuser, wo sie im Finstern oder manchmal mit einer Kerze in der Hand, im Heu oder Stroh zitternd vor Kälte und Angst darauf hofften, dass der Sturm abflauen würde, ohne allzu viel Schaden anzurichten.

Die Hoffnung trog.

Morgens um 5 Uhr ging in Wischhafen das Wasser über den Deich, zerstörte erst die Schleusen, riss dann den gesamten Deich mit sich und brach mit Urgewalt über das Land und die Menschen. Die nahe der Elbe in der Marsch gelegenen großen, reichen Adelshöfe wurden als Erste weggespült. Die stolzen, mächtigen Gebäude brachen wie Spielzeug unter der Gewalt des Wassers zusammen. Wer sich nicht auf die Böden, die manchmal samt den Bewohnern einfach wegschwammen, gerettet hatte, hatte keine Chance.

Dem Wasser konnte niemand widerstehen, Mensch und Vieh wurden mitgerissen, ertranken, erfroren oder wurden von der reißenden Flut in die Tiefe gezogen. Wer sich treibend an Balken, Möbeln, Bäumen oder Reetbündeln festhalten konnte, zögerte meist nur hilflos den Moment seines Todes hinaus. Häufig musste er mit ansehen, wie alle um ihn herum starben und im Wasser verschwanden. Kaum ein Marschhof hielt der Urgewalt stand.

Das Wasser stieg so hoch, dass losgerissene Schiffe über den zerstörten Deich trieben und ohne Besatzung ziellos im Hinterland strandeten.

Stunde um Stunde hielt das Inferno an, es wurde kaum heller Tag, so dunkel und gewalttätig trieben die

Wolken von der See ins Land. Die verzweifelten Hilfeschreie waren nur wenige Schritte weit zu hören, zu laut war das Gebrüll des Sturmes, der alles daran zu setzen schien, die Menschen zu übertönen.

Als es doch hell zu werden begann, flaute der Sturm etwas ab, aber viele mussten mehrere Tage durchgefroren und durchnässt ausharren. Zu Kälte und Angst kamen Hunger und Durst hinzu. Alles, was um sie herum an Essbarem zu erreichen war, war getränkt von salzigem, brackigem Wasser und ungenießbar. Manchen gelang es in ihrer Verzweiflung vorbeitreibende, tote Kühe heran zu bugsieren, die sie ausmolken, um etwas zu trinken zu haben. Einige schnitten Schweinen mit Messern das Fleisch aus den aufgedunsenen Leibern und aßen es roh. Vor Durst halb Wahnsinnige tranken ihren Urin, andere stürzten sich ins Wasser, weil sie es nicht mehr aushalten konnten. Sie wählten lieber den Tod als das langsame Verhungern und Verdursten.

Niemand weiß, wie viele an den Folgen dieser grauenvollen Nacht noch gestorben sind.

Aller Reichtum des Landes war dahin, die Höfe, Äcker und Wiesen des Landes mannshoch unter Wasser, die Vorräte vernichtet, die Obstbäume weggeschwemmt. Und es war keine Hilfe in Sicht.

Jacob Ovens Leben bis 1719

Johann Michael Petersen, Pfarrer der mennonitischen Gemeinde in Dithmarschen:

Ja, natürlich erinnere ich mich an Jacob Ovens. Seine Eltern waren brave Leute, gute und fromme Mitglieder unserer kleinen mennonitischen Gemeinde. Der Vater war Hausmann, ein sehr gerechter Mann, er war sehr aktiv in der Kirchengemeinde und sehr beliebt. Als er starb, übernahm Jacob den Hof, aber er brachte nur Unheil über seine Familie. Ich glaube, es waren nur zwei Jahre vergangen, vielleicht auch drei, dann war Jacob verschwunden. Seine alte Mutter war kurz vorher gestorben.

Jacob wollte immer besser sein als seine Geschwister. Er war der älteste, hatte noch ein, zwei Schwestern und drei Brüder. Johann Jacob Ovens, der Vater, hatte zu seinem Hof noch das Amt des Deichgrafen übernommen und nahm Jacob, sobald er laufen konnte, gern mit an den Deich. Da hat Jacob seinem Vater wohl viel abgesehen, er hat sich ja später gern gebrüstet, alles über den Deichbau zu wissen.

Nein, richtig gelernt hat er das nicht. Sein Vater allerdings auch nicht. Wie man Deiche baut, weiß man, wenn man hier geboren wird und lebt.

Ich soll zur Sache kommen, meinen Sie?
Ich bitte Sie, ich bin über siebzig Jahre alt, da nehme ich mir das Recht heraus, so weit auszuholen, wie ich es für richtig halte, wenn Sie mir eine Frage stellen.

Ich war mehr als dreißig Jahre Pfarrer und habe viele Kinder wachsen und lernen sehen. Bei Jacob Ovens verhielt es sich nicht so wie bei den meisten anderen, die bei mir in der Sonntagsschule lernten. Jacob war ein kluger Kopf, der wissbegierig war und schnell lernen konnte. Schon mit fünf Jahren sah er den größeren Kindern über die Schulter und lernte so das Lesen und Schreiben. In meiner Sonntagsschule sollten die Kinder lesen und schreiben beigebracht bekommen. Wer bis zum Schluss dabeibleiben konnte und nicht auf dem Hof oder in der Schmiede des Vaters arbeiten musste, konnte so abends vor dem Einschlafen noch in der Bibel lesen und Trost und Erbauung finden nach der Mühsal des Tages.

Jacob war ehrgeizig. Wenn er etwas nicht gleich beherrschte, wurde er zornig und begann sich mit den anderen Kindern zu zanken und zu streiten. Er war unbeherrscht. Ich habe oft mit seinem Vater darüber geredet, und dieser hat ihn deshalb immer wieder gezüchtigt, aber Jacob ließ nicht davon ab. Ich meine, wenn er demütig geworden wäre und täglich mit seinem Schöpfer geredet hätte, wäre es nicht so weit gekommen.

Ich habe ihn gewarnt, schon als Zwölfjährigen habe ich ihn vor den Irrungen gewarnt, die in der Welt auf ihn warteten. Vor den Todsünden habe ich ihn gewarnt, donnernde Predigten gehalten über den Köpfen der Gemeinde, dabei nur ihn gemeint.

Suburbia, der Hochmut, die Eitelkeit: die erste Todsünde. Schon als Knabe war er nicht frei von diesen Irrungen, die eine Menschenseele packen, wenn Sein Wort nicht mehr gilt. Aber auch die Ira, die Rachsucht, der Zorn, die Vergeltung: Ich konnte keinen Kampf Jacobs dagegen erkennen. Später, als er fast erwachsen war, kam die

Wollust dazu, die Ausschweifung: Luxuria.

Jacob machte seinen Eltern keine Freude. Und dann diese Gerüchte über die Magd und den Knecht ...

Sie möchten mehr darüber wissen?
Ich glaube, ich bin zu alt, ich erinnere mich kaum noch. Ich will mich auch gar nicht erinnern.

Jacob ging dann weg, er wollte den Mühlenbau lernen, sein Vater unterstützte ihn dabei. Johann Jacob Ovens war ein vermögender Mann geworden, er war ein guter Bauer und mit Gottes Hilfe hatte er viele reiche Ernten einfahren können. Weil es in den letzten Jahren vor seinem Tod in anderen Gegenden viel geregnet hatte, war der Weizenpreis gestiegen. Er war wohl der reichste Bauer unserer Gemeinde.

Jacob kam nach einiger Zeit wieder, seine Konstruktionen funktionierten nicht, er hatte keinen Erfolg.

Ich glaube, mir fällt es jetzt wieder ein. 1698 war es, so weit ich mich erinnere, als in Heide der letzte Scheiterhaufen brannte. Man hatte eine junge Dirne in das Feuer geschickt, wegen Unzucht, Hexerei und Kindsmord, ungefähr ein Jahr vorher war ein junger Mann hingerichtet worden, ebenfalls wegen Hexerei und Unzucht. Die beiden sind nachts bei Vollmond um eine alte Linde getanzt, wie soll ich sagen, unzüchtig, ohne Bedeckung ihrer sündigen Körper. Jacob war damals vierzehn oder fünfzehn Jahre alt, er hat sie wohl dabei ertappt und er war es gewesen, der den jungen Mann beschuldigt hat, die Magd zu diesem unsäglichen, gotteslästerlichen Treiben gezwungen zu haben. Dem jungen Mann wurde schnell der Kopf abgeschlagen, die Magd wurde zu Peitschenhieben verurteilt, blieb aber bei Ovens. Als sie nach einem Jahr schwanger wurde, warf der alte Ovens sie vom Hof. Sie zog liederlich umher. Als sie ihr Kind gebar, war es kurze Zeit später tot. Stellen Sie sich das vor: hier bei uns Mennoniten, so ein Vorfall, unvorstellbar. Wir Mennoniten hätten den Knecht auch niemals so bestraft, er wäre aus der Gemeinde verbannt worden, aber er hätte seine Sünden bereuen können, ein glaubhaftes Sündenbekenntnis und ein moralischer Lebenswandel hätten ihn in den Schoß der Gemeinde zurückbringen können. Wir sind doch alle eine Gemeinschaft von Sündern!

Nun ist es zu spät, der Kopf ist runter, ein schlechtes Gefühl beschleicht mich trotzdem, wenn ich dabei an Jacob Ovens denke.

Vielleicht war der Mühlenbau auch nur ein Vorwand für Jacobs plötzlichen Auszug, er wollte nämlich an der Taufe nicht teilnehmen, was mich sehr enttäuscht hat. Sie wissen, dass wir Mennoniten die Kindstaufe ablehnen, jeder soll sich selbst als Erwachsener dazu bekennen. Dann erst ist die Bekehrung des Einzelnen zu einem frommen Mitglied der Gemeinde besiegelt. Aber Jacob weigerte sich und als ich ihn zur Rede stellte, sagte er, er wolle sich niemals an eine bestimmte Religion binden, die Religion habe sich nach seinen Interessen zu richten. Was so ein paar Tropfen Wasser auf seinem Kopf bewirken sollten, hatte er mich frech gefragt. So viel frevlerische Gottlosigkeit war mir in meinem ganzen Leben als Pfarrer nicht begegnet, aber so sind scheinbar die heutigen Zeiten, alles ist im Umbruch, jeder will es anders machen als die Ahnen und Vorfahren, aber Gott hat die Antwort und hat sie uns schon gegeben. Die großen Fluten der letzten Jahre, glauben Sie wirklich, sie hätten keinen Sinn gehabt? Gott straft den Frevel und er straft dann fürchterlich.

Vor allen Dingen bei der Weihnachtsflut gab es viele tote Männer, Frauen und Kinder und totes Vieh. Gott ließ am Heiligen Abend die Wasser wüten, viele sind ersoffen und jämmerlich erfroren. Glauben Sie wirklich, Gott hätte diesen Tag ohne Grund gewählt?

Gott sei ungerecht, klagen viele, aber ich sage Ihnen: Nur in der scheinbaren Ungerechtigkeit liegt seine Gerechtigkeit. Denken Sie darüber nach und lassen Sie mich jetzt in Ruhe.

*

Er solle sich mehr um seine Arbeiten auf dem Hof kümmern, wurde Jacob Ovens immer wieder von seinem Vater angeherrscht. Dieses ewige Hocken über den Zeichnungen würde ihm beim Ausmisten nicht weiterhelfen. Da würde man nichts dabei lernen, schließlich solle er einmal den Hof erben.

Jacob wusste, dass er die ihm zugewiesenen Arbeiten lustlos und nachlässig erledigte, aber die Landwirtschaft war nicht seine Welt. Er wollte konstruieren, Häuser bauen oder Kirchen, vielleicht Mühlen. Das hatte er schon seit längerer Zeit beschlossen. Auch gegen den Widerstand seiner Eltern würde er das schaffen.

Oft musste er seinen Vater zur Schau auf den Deich begleiten. Den Blick in die Weite des Watts bei Ebbe, wenn das Wasser im Sonnenlicht wie Glas schimmerte, genoss er. Deiche bauen, dachte er, wäre vielleicht auch etwas für ihn.

Der Deich sei in gutem Zustand, sagte sein Vater stolz, das sei auch sein Verdienst. Der würde jeder Sturmflut standhalten. Dieses Jahr gebe es Gott sei Dank wenig Mäuse. Und wer seinen Deichabschnitt nicht in Stand halte, werde zu Recht gestraft werden.

Jacob hörte nicht genau hin. Dieses Gerede, dachte er, höre er bei jeder Deichschau.

Ob man den Deich auch anders bauen könne, fragte Jacob, als sein Vater Atem holte. Der alte Ovens verstand nicht.

Nicht so steil, erläuterte Jacob. Damit sich das Wasser besser austoben könne. Er habe den Knecht einmal bei einer Prügelei beobachtet, als der sich mit einem vom Nachbarhof in die Wolle gekriegt hätte.

Sein Vater schüttelte den Kopf:

Was er für Gedanken habe!

Immer wenn einer zugeschlagen habe, habe der andere versucht, nach hinten auszuweichen, dadurch habe der Schlag an Kraft verloren.

Und der Deich? Was habe der damit zu tun?

Am Deich könne man es doch genauso handhaben. Wenn man den Deich bei gleicher Höhe ganz flach mache, wäre das so, als ob dieser sich bei jedem Angriff des Wassers zurücklehne. Und die Wellen verlören ihre Kraft.

Er habe komische Ideen, sagte sein Vater. Ob das von seiner Studiererei käme? Er solle mit nach Hause kommen und den Hühnerstall ausmisten. Er könne danach dem Knecht helfen, es müssten die Zaumzeuge und die Sättel eingefettet werden.

Der Knecht war nicht im Stall und nicht im Haus, Jacob suchte, schließlich fand er ihn und die Magd.

Zwei Tage nach Ovens Vernehmung durch die Obrigkeit wurde der Knecht, der sofort wusste, wer hinter allem steckte, abgeholt. Er versuchte, Ovens ins Gesicht zu spucken, als dieser ruhig zusah, wie er in einen vergitterten Karren gestoßen wurde. Er hielt Ovens für so hinterlistig, wie dieser ihn für plump.

Die Magd lag schluchzend im Stall, sie war verzweifelt über die Verhaftung und fassungslos über das angebliche Vergehen, das man ihrem Liebhaber vorgeworfen hatte: Er habe sie zu unzüchtigem Treiben verführt und sei mit ihr bei Mondschein nackt um eine Linde getanzt, und dabei habe sie mit furchtbaren Liedern Gott gelästert. Sie hatte auf der Stelle die haltlosen Vorwürfe abgestritten, doch niemand hatte ihr geglaubt. Die junge Frau ahnte, dass sie ihren Liebhaber nie wiedersehen würde.

Ovens hatte Rache genommen für ihre Zurückweisungen. Sie hatte ihn lachend zur Seite gestoßen, als er ihr einmal hatte näher kommen wollen. Er sei ein junger Schietbüttel, hatte sie gesagt und seine Avancen nicht ernst genommen. Schließlich sei er erst vierzehn, er solle damit noch ein paar Jahre warten.

Der heimliche Blick durch das Astloch in die Scheune, die aufgeregt geflüsterten Worte der beiden ineinander verschlungenen Liebenden und der Anblick der fast nackten, verschwitzten Leiber: Ovens zitterte vor Erregung, als er sah, wie die Magd sich ihrem Liebhaber hingab.

Ein geschickt gestreutes Gerücht über gotteslästerliches Treiben, ein gespielt fassungsloser Bericht an den Pfarrer, er habe Fürchterliches gesehen und gehört, schluchzte er, wage kaum alles zu wiederholen.

Schließlich die Aussage vor dem schnell herbeigeholten Vertreter der Obrigkeit: Ovens wusste nun, wie man sich eines Menschen entledigen konnte, der einem im Weg steht.

Dem Mann wurde ein paar Wochen später der Kopf abgeschlagen, die Magd durfte nach einigen Peitschenhieben und strenger Ermahnung auf Ovens Hof bleiben.

Ovens nahm sich nun, was ihm, wie er meinte, zustand. Der Widerstand der jungen Frau war gebrochen, nachdem er ihr gedroht hatte, ihr unzüchtiges Verhalten werde sie ebenfalls unter das Schwert bringen.

Als sie nach einem Jahr schwanger wurde, ließ er von ihr ab. Niemals hätte er zugegeben, der Vater des ungeborenen Kindes zu sein. Und als sie es laut herausschrie, wurde sie von Ovens Vater geohrfeigt und vom Hof gewiesen.

Sie starb später auf dem Scheiterhaufen. Verurteilt wegen Unzucht und Kindsmord. Der Säugling konnte von ihr nicht richtig versorgt werden, und in ihrer Not hatte sie ihn eines Nachts erstickt.

Jacob war bei beiden Hinrichtungen unter den Zuschauern. Der riesige Marktplatz von Heide war schwarz von johlenden Menschen. Die meisten ahnten, dass es wohl die letzten öffentlichen Hinrichtungen sein würden, die wie ein Volksfest gefeiert wurden.

Ovens drehte sich angewidert um, als die Magd an Händen und Füßen auf den Scheiterhaufen geschleift wurde. Sie schrie und weinte, kämpfte um ihr Leben und biss die Männer, die sie zogen, mit aller Kraft in die Arme. Die junge Frau bedeutete ihm nichts, er fragte sich, warum sie so ein Gezeter veranstalte, wo sie doch wisse, dass das ihr letzter Gang sei und Widerstand nichts bewirke.

Warum er so blass werde, fragte ein Mann mit Branntweinatem, das sei wohl noch nichts für so junge Burschen. Er schwenkte die Flasche:

Daran könne man sich festhalten.

Er solle ihn in Ruhe lassen, erwiderte Ovens, er könne ja kaum mehr stehen.

Er habe schon mehrere junge Dinger auf dem Scheiterhaufen gesehen, sagte der Mann ungerührt. Am besten sei es, wenn die Kleider weg gebrannt seien, dann stünden die Frauen so da, wie sie vor den Herrgott treten würden. Er trank die Flasche leer.

Aber dazu sei er noch zu jung. Das dürfe er noch gar nicht wissen, wie die Frauen aussähen. Der Mann redete ohne Unterlass, schwankte stark und erzählte den Umstehenden, dass das Fleisch, wenn es anfinge zu stinken ...

Er solle das Maul halten, schrie Ovens, wenn er das nur besoffen ertragen könne, solle er zu Hause bleiben.

Etwas mehr als ein Jahr zuvor war das Urteil des Knechtes vollstreckt worden. Der Henker war mit blank geputztem Schwert gekommen, hatte es mit beiden Armen in die Luft gehoben und es kraftvoll fallen lassen. Er war ein Könner gewesen, der auf die Erfahrung vieler Hinrichtungen zurückblicken konnte, ein Meister seines Fachs. Das Schwert hatte genau zwischen zwei Wirbeln den Nacken des Mannes getroffen, den Hals ohne Widerstand durchschnitten und als der Kopf in den Weidenkorb gefallen war, hatte sich Ovens umgedreht und den Marktplatz verlassen. Er war fünfzehn Jahre alt gewesen, es war die erste Hinrichtung, die er erlebte, und er hatte kein schlechtes Gewissen gehabt.

Mariechen Ovens, Jacob Ovens' erste Frau:

Als wir heirateten, war ich achtzehn Jahre alt und Jacob dreiundzwanzig. Nein, ich glaube, er war vierundzwanzig. Wir pachteten einen Hof in Popenbüll, aber Jacob kümmerte sich kaum um die Landwirtschaft. Dauernd waren Fremde auf dem Hof, Zimmerleute, Eisenbieger, Stellmacher und andere Handwerker, die oft bis in die späte Nacht an irgendwelchen Geräten oder windigen Konstruktionen arbeiteten und dann, wenn sie hungrig waren, in die Küche kamen. Oft habe ich schon geschlafen, und Jacob kam in die Kammer und herrschte mich an, was mir einfiele, die Gäste zu vernachlässigen. Ich stand dann auf und bediente die Handwerker. Sie aßen und soffen so viel, dass wir oft nichts mehr in der Speisekammer hatten. Wir schlachteten immer ein Schwein im Jahr, doch wenn mal wieder viele Handwerker auf dem Hof waren, waren die Vorräte an Speck und Dörrfleisch schnell aufgegessen.

Ich habe das ganze Vieh versorgt, bin morgens früh aufgestanden, habe die drei Kühe gemolken, die Kälber und Ziegen gefüttert, die Schweine und die Hühner und, wenn ich dann wieder aus dem Stall in die Küche gekommen bin, schlief Jacob immer noch.

Jacob soll sich hier nicht mehr blicken lassen, meine Brüder und mein Vater würden ihn am liebsten auf das Rad flechten. Er hat meine ganze Mitgift und das Geld, das er mitgebracht hat, in seine Konstruktionen gesteckt. Ab und zu konnte er weit weg eine Mühle bauen und brachte ein wenig Geld mit nach Hause, aber schließlich hatten die Beile der Zimmerleute seine Barschaften gefressen.

Nein, ich habe keine Kinder. Ich hatte zwei Fehlgeburten

und ein Junge ist ein paar Tage nach der Geburt gestorben. Gott wollte mir keine Kinder schenken, vielleicht war es gut so, ich wüsste nicht, wie ich sie durchfüttern könnte. Ich arbeite als Magd auf dem Hof meines Bruders, fremde Kinder wären dort nicht gern gesehen, es wären unnötige Esser.

Ich habe oft Trost gesucht in der Kirche, ich bin lutherischen Glaubens und musste zu meiner Kirche weit laufen. Jacob warf mir oft vor, dass ich mehr Zeit auf der Kirchenbank als in der Küche verbringen würde, aber das stimmte nicht. Hätte er ein wenig mehr Zeit auf der Kirchenbank verbracht und Zwiesprache mit dem Schöpfer gehalten, wäre es vielleicht nicht so weit mit ihm gekommen.

Er sitzt im Gefängnis, haben Sie gesagt? Hat er mal wieder kein Geld im Beutel gehabt und die Rechnungen nicht bezahlt? Als er verschwunden war, kamen die Zimmerleute und haben den Hof leer geräumt, sie haben alles mitgenommen, was sie gebrauchen konnten, so viele Schulden hat Jacob bei ihnen gehabt. Danach musste ich gleich die Pacht aufgeben. Die letzte Rate hat mein Bruder bezahlt, deshalb arbeite ich jetzt die nächsten Jahre bei ihm als Magd, nur für Essen und Schlafen. An Weihnachten bekomme ich manchmal ein oder zwei Mark, damit ich mir ein paar neue Stiefel oder einen Rock kaufen kann. Wenn seine Frau ein abgelegtes Kleid hat, schenkt sie es mir.

Betrug? Das wundert mich nicht. Für etwas anderes ist er auch zu feige. Beim Betrug kann man sich fein aus dem Staub machen, bevor es das Opfer merkt. Er soll sich irgendwo in Dänemark aufhalten, habe ich gehört. Stade?

Dann ist er nicht mehr in Dänemark? Soll er doch in seiner Zelle von den Ratten gefressen werden, es würde mich nicht stören.

Benötigen Sie mich noch? Ich muss wieder an die Arbeit, mein Bruder sieht es nicht gern, wenn ich mich mit Fremden unterhalte.

*

Schon im ersten Frühjahr nach ihrer Heirat bekam Ovens' Frau Zweifel, ob sie die richtige Entscheidung getroffen hatte. Ovens kümmerte sich kaum um die Einsaat des Frühjahrsgetreides, versorgte das Vieh nur nachlässig und verbrachte die meiste Zeit in einer Kammer, zu der sie keinen Zutritt hatte. Einmal, als Ovens nicht auf dem Hof war, fand sie die Tür offen und wagte einen Blick hinein. Es war eine kleine Werkstatt. Überall lagen Stapel von Holz herum oder lehnten Leisten an der Wand, es roch nach Leim und frisch gesägtem Holz. In der Mitte, auf einem Tisch, stand ein Modell. Sie glaubte, es sei eine Mühle.

Sie solle nicht wagen, sagte Ovens wütend, als er ihre Neugier entdeckt hatte, noch einmal so unverschämt herumzuschnüffeln. Das gehe sie nichts an und sei kein Weiberkram.

Abends legte sich Ovens regelmäßig auf sie, an den Schmerz hatte sie sich mittlerweile gewöhnt, er stöhnte erst leise, dann kurz und laut und drehte ihr danach den Rücken zu. Sie hatte sich erst vor Schreck und später vor Widerwillen nicht regen können. Nach ein paar Wochen blieb ihre Regel aus, sie wurde dicker, aber schon im sechsten Monat verlor sie das Kind.

Er wurde ihr immer widerlicher, genau wie seine Kumpane, Zimmerer meist, die mit ihm erst nächtelang an den Modellen und dann im Nachbardorf sogar eine große Mühle bauten. Einige von ihnen versuchten, ihr im Suff an den Hintern zu greifen.

Sie solle sich nicht so anstellen, sagten die Handwerker, das würde doch jeder sehen, dass sie Ovens überdrüssig sei. Sie verstehe wohl überhaupt keinen Spaß. Ob sie stattdessen etwas zu essen habe? Man habe Lust auf Fleisch, das habe sie ja gemerkt, aber sie könne ja auch ein Schwein schlachten.

Mariechen war dagegen, es wären dann keine Vorräte für den Winter da, sagte sie. Aber Ovens wischte ihre Einwände beiseite:

Da würde ihm schon etwas einfallen.

Als die Handwerker die tote Sau am Haken hängen hatten und feststellten, dass sie trächtig gewesen war, wollte Mariechen weglaufen. Ovens stellt sich ihr in den Weg und schloss sie in die Küche ein. Sie käme erst wieder heraus, wenn sie etwas Ordentliches auf den Tisch gebracht hätte, nicht so einen Fraß wie bisher, die Klüten seien hart und die braune Tunke ungenießbar.

Was er denn haben wolle, fragte Mariechen wütend, sie könne gegen die Fresssucht seiner Kumpane nicht ankochen, die Speisekammer sei fast leer.

Er sei nicht der Koch, sagte Ovens, sie solle nicht so frech sein, er könne auch anders.

Ovens' Lohn für den Mühlenbau war häufig schnell aufgebraucht, der Hof warf so gut wie nichts ab, und immer öfter wurde das Vieh krank. Ihn schien nur zu interessieren, was mit Konstruktionen, Holz und den Zimmermännern zu tun hatte.

Vor der Hochzeit hatte Mariechen an Ovens besonders gefallen, dass er noch alle Zähne hatte und sich wusch. Das vergaß er immer öfter und lief mit dreckigen Kitteln ins Dorf. Die anderen Bauern spotteten über ihn, mokierten sich über seine marode Landwirtschaft, aber er merkte es nicht.

Sie wurde noch zweimal schwanger, eine zweite Fehlgeburt folgte auf ein totes Kind.

Ovens sei manchmal wie ein Tier gewesen, sagte Mariechen, unberechenbar und hinterlistig. Er habe gemeint, wenn sie nicht so oft auf der Kirchenbank läge, sondern ein bisschen beweglicher unter seiner Bettdecke, hätte sie auch gesunde Kinder hinbekommen. Jetzt sei sie eigentlich froh, dass alles vorbei sei.

Meike Ovens, Schwester von Jacob Ovens:

Familienbande hin oder her, wir wollen nichts mehr mit meinem Bruder zu tun haben. Er hat sich selbst aus der Gemeinde ausgestoßen, hat seine Frau verlassen und Gott geleugnet. Was sollen wir mit so einem Menschen noch anfangen?

Man kann in die wüsteste Welt fahren, mit wilden Tieren und Menschen kämpfen, aber wer Gott verlässt, verlässt seine Familie und wird von allen verlassen.

Unser Vater, Gott sei seiner lieben Seele gnädig, war viel zu gutmütig zu Jacob. Dessen Hochmut und sein widerspenstiges Wesen haben meinen lieben Eltern viel Kummer bereitet.

Er ist der älteste Sohn gewesen und sollte den Hof und die Deichschau übernehmen, er wollte jedoch immer nur Mühlen bauen. So ließ mein Vater ihn ziehen. Doch Jacob verprasste am selben Tag das wenige Geld, das er zuvor mit seiner Arbeit verdient hatte. Später hat er es mit der Destillation und Scharlatanerie versucht, aber nichts hatte wirklich Erfolg.

Universalmedizin! So hat er sein Gebräu aus Branntwein und ein paar zermahlenen Amseln genannt. Vielleicht hat er noch Katzendreck untergemischt, so roch es jedenfalls.

Erst als unser Vater starb, kam Jacob wieder zurück und übernahm den Hof. Unsere Mutter lebte damals noch, und ich sah, wie sie jeden Tag gramvoller und leiser wurde, schließlich nur noch betete, sich dann hinlegte und starb. Zwei Jahre hat es Jacob ausgehalten, dann war der Hof Konkurs. Er musste ihn verkaufen, um die Schulden zu bezahlen. Er kümmerte sich weder um seine Mutter noch um die Zukunft seiner Geschwister, er hatte unser Erbe verschleudert.

Über die Sache mit dem Knecht und der Magd rede ich nicht. Ich konnte nicht heiraten, stellen Sie sich das vor! Ich wäre zu Vaters Zeiten eine gute Partie gewesen, und nun gab es keinerlei Mitgift mehr vom großen Hof der Familie Ovens. Ich weiß nicht, wie viele Schleswigsche Morgen meine Eltern hatten. Es war jedenfalls ein großer Hof, und mein Vater war ein guter Bauer. Er baute auf den fetten Böden Weizen an, auf dem schlechteren Land, das an die Geest grenzt, Roggen und Hafer. Seine Ernten waren so gut, dass er manchmal eine Scheune vom Nachbarn mieten musste, weil er sonst nicht wusste, wohin mit den vielen Garben. Der Stall war voll mit Kühen und Ochsen und, wenn er mit den Pferden zum Pflügen gefahren ist, war es immer vierspännig.

Jacob hat nur zwei Jahre gebraucht, dann war alles weg. Er hat zum falschen Zeitpunkt den Weizen gesät, die Kühe wurden im Winter alle krank und, weil er zu wenig Heu gemacht hatte, waren die Ochsen im Frühjahr so mager, dass sie kaum mehr laufen konnten. Dann kam ein nasses Frühjahr, und der Hafer kam nicht in die Erde, aber Jacob schien das alles nicht zu stören. Er war ein grober Mensch, schon immer. Er kommandierte und schrie, als ob seine Knechte Soldaten seien.

Um unsere kranke Mutter kümmerte er sich überhaupt nicht. Nachdem sie gestorben war, wollten wir, wie es so guter Brauch ist, die Trauernden zum Essen einladen. Als wir die Schränke öffneten, in denen seit Generationen unser gutes Geschirr und die Silberlöffel lagerten, war alles verschwunden. Das müssen Sie sich vorstellen, mein Vater hatte den größten Hof der ganzen Gemeinde, die Schränke sind seit hundert Jahren in unserem Besitz, sie quollen über vor Geschirr, Gläsern und silbernem Besteck. Schon meine Urgroßmutter saß tagelang an ihrem Webstuhl, so wie meine Mutter und die Großmutter auch, um die besten Leinenstoffe zu weben. Sämtliche Schränke waren leer, Jacob hatte alles heimlich verkauft, um seine Schulden zu begleichen. Er hätte auch noch die Möbel verkauft, wenn er es für nötig befunden hätte. Wir hatten noch nicht einmal mehr Geld für eine ordentliche Beerdigung.

Sie wundern sich sicher, dass Jacob unverheiratet geblieben war, als er den Hof übernommen hatte. Das ist nicht üblich bei uns Mennoniten, ein Mann muss eine Frau haben so wie eine Frau einen Mann. Aber bei Jacob war es so, dass niemand von Stand ihm seine Tochter zur Frau hatte geben wollen. Er hatte um die eine oder andere gefreit, aber niemand hatte ja gesagt. An den jungen Mädchen hatte es meistens nicht gelegen, er konnte einnehmend reden und die schönen Augen, die er ihnen machte, ließen die meisten schwach werden. Es waren die Eltern, die so viel Weitblick und Menschenverstand hatten, dass sie ihre Töchter vor diesem Übel bewahren konnten. So musste er später tatsächlich eine Lutherische nehmen.

Ich! Ich! Ich! Das waren die wichtigsten Worte für Jacob. Ich glaube, er war nur zufrieden, wenn er an seinen Modellen für die Mühlen bis spät in die Nacht arbeiten konnte. Dann vergaß er alles um sich herum, leider auch das Füttern und das Tränken des Viehs. Aber man durfte ihn nicht ansprechen, sofort wurde er laut und warf einen aus der Tür.

Seit der alte Pfarrer verwitwet ist, mache ich ihm den Haushalt. Was aus mir wird, wenn er einmal tot ist, weiß ich nicht.

Gutsbesitzer Malte von Randulf, Garding:

Jacob Ovens war ein hervorragender Mühlenbauer, da lasse ich nichts auf ihn kommen. Jede der Grützmühlen, die er im Schleswigschen errichtet hat, funktionierte bestens. Ich selbst habe auf meinem Gut in Garding eine errichten lassen, mit drei Etagen und einem hölzernen Ross-Rad und Sackboden, eben mit allem, was man braucht. So, wie er es vorgeschlagen hatte. Der Müller hatte vom ersten Tage an seine helle Freude an der Mühle. Ich war mit dem Baumeister sehr zufrieden. Gut, er war ein wenig ungehobelt und hat sich mit den Zimmerleuten gemein gemacht, aber seine Oberaufsicht hat er nie vernachlässigt. Ich habe später einiges über Ovens gehört und war froh, dass ich von Anfang an geschickt mit ihm verhandelt habe. Ich hatte einen festen Preis ausgemacht und, als er gegen Ende der Bauzeit einen Nachschlag heraushandeln wollte, war ich hart geblieben.

So muss man mit solchen Leuten umgehen, das haben viele nicht verstanden, wahrscheinlich, weil sie genauso ungehobelt daherkommen wie dieser Ovens. Er soll ein Bauer gewesen sein, bevor er Mühlen baute, man merkte ihm seine niedere Herkunft natürlich immer noch an. Auch wenn er elegante Kleider anlegte, seine ungebildete Grobheit konnte er nicht unter der feinsten Allonge-Perücke verbergen. Manche hat das nicht gestört, und er wurde auch öfter eingeladen. Dann unterhielt er die Leute mit lauten Geschichten.

Außerdem konnte er nicht verhandeln, ich dagegen umso besser. Jeder andere Mühlenbaumeister hätte den Handel mit mir abgelehnt, Ovens aber hat jedoch eingeschlagen, als er merkte, dass ich hart bleiben würde. Ich vermute, er wollte mich später über den Tisch ziehen und von den Holzlieferanten und den Handwerkern Provisionen verlangen dafür, dass sie bei mir arbeiten durften, aber ich habe ihm da gleich einen Riegel vorgeschoben. Ich habe selbstverständlich darauf bestanden, selbst das Holz zu liefern. In meinen Wäldern habe ich genügend schlagreifes Holz. Und die Handwerker kamen alle aus den umliegenden Dörfern, da hat es keiner gewagt, an mir vorbei krumme Dinge zu machen. Ovens hat draufgezahlt, ohne Zweifel, aber er war, vermute ich, nur ein wenig enttäuscht, denn es ging ihm bei meinem Bau nicht um den Verdienst, sondern darum, eine Mustermühle gebaut zu haben, eine Referenz zu haben, die ihm noch viele Aufträge einbringen sollte.

Er ist Mennonit gewesen, habe ich gehört. Das kam mir seltsam vor, Mennoniten sind fromme Menschen, die viel und oft in ihre Kirchen gehen. Hier in Friedrichstadt steht eine große Kirche, sie soll bei jedem Gottesdienst so voll sein, dass manche Gläubige stehen müssen.

Ich persönlich mochte die Mennoniten noch nie, so ein frömmelndes Volk ist mir nicht geheuer. Ovens ist nie in einer Kirche gewesen, solange er bei mir auf dem Gut die Mühle baute. Er war kein frommer Mann, ich habe ihn nie in der Kirche gesehen. Hätte ich ihn allerdings bei gotteslästerlichen Reden ertappt, hätte ich ihn sofort vom Hof geworfen.

Außerdem frönte er dem Würfelspiel, eine Torheit und Sünde, die ich bei den Zimmerleuten zuerst entdeckt hatte. Ich hatte Ovens darauf aufmerksam gemacht und von ihm verlangt, dieses Treiben sofort zu unterbinden. Er hatte es mir zugesichert, aber in Wirklichkeit nichts dagegen unternommen. Im Gegenteil: Er hat sich mit den Zimmerleuten so abgesprochen, dass ich die Wahrheit erst nach dem Ende der Arbeiten erfahren habe. Ovens hat nicht nur fleißig mitgewürfelt, er hat es auch geduldet, dass liederliche Frauenzimmer in die Unterkünfte der Zimmerleute kamen und dort Unzucht getrieben wurde.

Abgesehen von diesen Verfehlungen kann ich sonst nichts Schlechtes über Ovens berichten, zumindest was sein Verhalten auf dem Gut betrifft. Die andere Sache, die mit der Frau des Schiffers, habe ich zuerst nicht geglaubt, aber sie scheint sich ja wirklich so abgespielt zu haben, wie die Leute erzählen. Das hätte ich ihm nicht zugetraut, bei mir war er ein guter und gewissenhafter Baumeister, unter dessen Aufsicht schnell und korrekt gearbeitet wurde. Ich weiß, dass er nicht beliebt war bei den Handwerkern, außer vielleicht bei den Zimmerleuten, aber das darf man auch nicht sein, wenn man die Leute zu beaufsichtigen hat.

Boje Michelsen, Bäcker zu Garding:

Ein Viehdieb war er, ein Betrüger und Verführer. Weiß Gott, wie er es geschafft hat, die rechtschaffene Frau seines Vermieters, des Johann Peter Petersen dazu zu bringen, alles hinter sich zu lassen, die Kinder und ihren frommen Mann, um mit diesem Viehdieb auf und davon zu gehen. Sie bestiehlt die eigene Familie und geht mit ihm nach Dänemark.

Ich weiß noch, wie er nach Garding kam, er war als Mühlenbaumeister beim Gut engagiert worden. Er suchte eine preiswerte Unterkunft. Der Schiffer Petersen und seine Frau vermieteten Zimmer. Die Unterkunft dort war beliebt, Margret konnte gut kochen. Wenn eine große Feier anstand, eine Hochzeit oder ein Begräbnis, holte man immer Margret Petersen. Eine herzliche Frau. Sie war fünfzehn Jahre mit Johann verheiratet, sie muss 35 Jahre alt gewesen sein, als dieser Ovens auftauchte. Zwei Kinder hatten sie, drei waren gestorben. Der älteste hieß auch Jacob, der zweite, Moment, ich glaube, Lüder. Wie alt sie waren, als ihre Mutter verschwand, weiß ich nicht genau, sie werden so 13 oder 14 gewesen sein.

Ovens hat zuerst eine große Grützmühle auf dem Gut gebaut und später eine kleine hier im Dorf. Er kaufte sich, als die zweite Mühle fertig war, ein Pferd und betrieb die Mühle selbst.

Eines Tages stand er bei mir in der Backstube und wollte mir unbedingt die Grützmühle und das Pferd verkaufen. Mir war da schon das eine oder andere Gerücht von einer Liebschaft zwischen ihm und Margret Petersen zu Ohren gekommen. Ich dachte, jetzt ist er vernünftig geworden und sucht das Weite. Nach ein paar Verhandlungen habe ich die Mühle übernommen. Sie war ja im besten Zustand, das konnte er wirklich, das ist der einzige Punkt, wo ich ihn loben muss. Das Pferd auch, es war ein schöner Gaul, der fleißig seine Runden lief und die Mühle antrieb. Am nächsten Tag war Ovens wie vom Erdboden verschluckt, keiner hatte gesehen, dass er Garding verlassen hatte. Und Margret war auch verschwunden. Johann Petersen lief durch die Straßen, rief immer wieder nach seiner Frau, er wollte nicht glauben, dass sie ihn so einfach verlassen haben könnte, ihn und die beiden Kinder.

Aber Ovens war noch irgendwo im Dorf, er hatte sich versteckt, denn zwei Tage später war das Pferd weg, und ein Freund von mir, der in Oldenswort wohnt, hatte ihn gesehen – auf dem Pferd, wie er durch das Dorf ritt, als sei es das Normalste der Welt. Was sind das für Zeiten, in denen ein Mann ein Pferd verkauft und es am nächsten Tag wieder stiehlt. Wie Margret es geschafft hat, sich mit Ovens in Friedrichstadt zu treffen, ohne von irgendjemandem gesehen zu werden, ist mir völlig rätselhaft. Sie hat alles, was sie und Johann in ihren Ehejahren an Wertvollem angeschafft hatten, das ganze Silberbesteck, ihren Schmuck und die wertvollen Trinkbecher, mitgenommen. Ovens hat ihr wohl die Ehe versprochen, sie wurde so zur Ehebrecherin und ging mit ihm bis nach Kopenhagen. Johann suchte in ganz Dithmarschen nach Ovens und Margret, aber er kam immer zu spät. In Friedrichstadt hätte er sie fast noch eingeholt, doch sie waren kurz vorher entwischt.

Johann Petersen gab seine Kinder zu seiner Schwester, den älteren habe ich dann aus Mitleid als Helfer in die Bäckerei genommen, ein fleißiger Junge, der ohne zu Murren den Gesellen zur Hand ging. Morgens um zwei war er der Erste, der die Tür zur Backstube aufschloss, und er legte sich erst hin, wenn er die Backstube gefegt hatte. Johann hat auf einem Franzosen angeheuert. Ich habe nichts mehr von ihm gehört, es sind jetzt schon ein paar Jahre her.

Der Junge ist nicht mehr bei mir, ich konnte ihn nicht mehr gebrauchen, er wurde zu groß und meine Frau wollte einen so starken Esser nicht mehr am Tisch haben.

Vor einiger Zeit habe ich gehört, dass Margret in Kopenhagen auf die schiefe Bahn geraten sein soll, Ovens hatte wohl alles verprasst, was sie mitgebracht hatte, und hat sich dann aus dem Staub gemacht. Zu seinen wirklichen Kennzeichen gehörte das Aufblasen der Backen und Margret ist darauf hereingefallen. Aber Mitleid habe ich nicht mit ihr, sie hätte bei ihrem Mann bleiben sollen und die Kinder aufziehen, dann wäre aus beiden etwas geworden.

*

Über den Schiffer erzählte man in Garding, wer sich von einem solchen Aufschneider Hörner aufsetzen lasse, sei selber schuld. Dass zwischen den beiden etwas gewesen sei, habe doch jeder Blinde bemerkt, nur Johann Petersen nicht.

Der habe schon lange als ein wenig beschränkt gegolten, sagte der Schmied aus der kleinen Stadt, seine Frau habe wohl das Sagen gehabt und es gern gesehen, wenn er auf See gewesen sei, dann habe sie ihre Ruhe gehabt. Was sie während der Zeiten seiner Abwesenheit gemacht habe, könne man nur erahnen.

Über Ovens wurde schlecht erst nach seiner überstürzten Abreise geredet, vorher war er ein gern gesehener Gast auf den Empfängen der Gutsbesitzer und des Adels. Jeder wollte an seinem Erfolg teilhaben, er unterhielt die Leute gern mit derben Geschichten, bei denen die Männer laut lachten, die Frauen verschämt zur Seite sahen und rot wurden, aber trotzdem zuhörten. Sie waren sehr angetan von diesem stattlichen Mann, der sich so schön anzuziehen wusste, perlweiße Zähne besaß und am besten von allen Männern, die sie je gekannt hatten, roch. Ovens wusch sich regelmäßig und sparte nicht am Parfum. Seine üppigen Perücken waren immer nach der neuesten Mode gekämmt.

Des Schiffers Frau verwöhnte ihren Gast mit dem besten Essen und manchmal mit heimlichen Berührungen, wenn sie den beiden Männern das Abendbrot servierte. Die Kinder aßen in der Küche.

Ovens freute sich über sein Logis, das Bett war weich und das Essen gut. Nie wäre es Margret Petersen eingefallen, ihn mit klebrigen Mehlklößen oder ewigem Schwarzsauer den Magen zuzukleistern. Dem Gesinde gab sie mit Wasser verdünntes Dünnbier, auf ihrem Tisch fand sich aber auch manchmal Wein.

Wieso es Wein gebe, fragte ihr Mann, der sei zu teuer. Ovens war es recht, das Bier schmeckte ihm hier sowieso nicht.

Man solle seine Gäste gut behandeln, sagte Margret und zog unter dem Tisch ihre Schuhe aus.

Ovens wurde unruhig, als ihn der bestrumpfte Fuß an der Wade streifte.

Ob er etwas mehr in die Kasse legen solle, fragte Ovens.

Nein, brummte der Schiffer, die Frau komme normalerweise mit dem Geld aus.

Ovens begann ein unverfängliches Gespräch mit Petersen über das ewige Geld, ließ seinerseits seinen Fuß Margret erkunden. Sie rückte näher an den Tisch,

Ovens' Fuß erklomm die Schenkel und als er oben ankam, raschelten ihre Röcke.

Sie müsse zu Bett, sagte Margret auf einmal, das Gespräch sei interessant, aber ihr sei plötzlich so heiß.

Ob er heute Nacht noch auf sein Schiff müsse? Johann nickte.

Ovens stand auf und verabschiedete sich, er wolle am Morgen früh bei den Handwerkern sein, da wäre es besser, er ginge auch zu Bett. Er bedanke sich für das feine Essen, der Schiffer könne stolz sein auf seine tugendsame Frau, die auch so herrlich kochen könne.

Sonst berührte Margret Petersen Ovens nur nachts, wenn die Kinder schliefen und Johann mit seinem Schiff unterwegs war. Zuweilen löschte dieser im Hafen in Tönning Fracht, seine oder die anderer Schiffer. Jede Nacht ließ Margret Jacob dann in ihre Kammer, mehrmals musste er sie ermahnen, wenn sie zu laut jauchzte. Sie solle nicht so schreien, flüsterte er, die Kinder! Einmal verschlief er und musste hastig seine Kleider zusammenraffen. Ihr Mann stand schon fast in der Kammertür.

Der betrogene Bäcker machte sich wie der Schiffer schnell zum Gespött der Leute. Ovens konnte die Dummheit des Mannes kaum fassen und Margrets Wunsch, ihm zu folgen, genauso wenig.

Er ritt nach Friedrichstadt und fühlte sich großartig. Das Pferd war eine ärmliche Mähre, nur dazu da, sich im Rossrad in sein Kummet zu legen. Für Ovens war es gerade das schönste Pferd, das er sich denken konnte. Er lachte den ganzen Ritt, lachte über die Dummheit des Schiffers. Er lachte über die Dummheit des

Bäckers, er lachte über die Dummheit der ganzen Welt. Er ahnte, dass ihm noch vieles glücken würde, wenn er es nur richtig anstellte.

Claus Schassen, Baumeister aus Hamburg:

Jacob Ovens war kein Aufschneider, er war ein fähiger Ingenieur, dessen Maschine zur Schlammbeseitigung sehr gut funktionierte. Ich habe mit ihm zusammengearbeitet und ich kann das ganze Geschwätz der Neider, die ihm nur Böses wollen, nicht verstehen. Es hat ihn viel Mühe gekostet, dem Rat der Stadt Hamburg diese Maschine schmackhaft zu machen. Die Herren erlaubten den Bau schließlich nur, wenn er sie erst einmal selbst finanzierte. Ich kannte ihn damals noch nicht, ich habe erst während der Bauzeit seine Bekanntschaft gemacht. Ich weiß aber, dass es nicht leicht für ihn war, die mehr als tausend Reichstaler aufzutreiben, die er für das Holz, die Eisenräder und die Löhne der Arbeiter benötigte. Einige Hamburger Honoratioren haben ihm Geld geliehen oder für ihn gebürgt. Es waren besonders die Herren Ägidius Probus und Claus Noblemann. Warum sie so generös waren, kann ich nur vermuten. Wahrscheinlich waren sie am Gewinn beteiligt, und Ovens musste ihnen später noch einiges mehr zurückzahlen, als er sich geborgt hatte.

Ovens war schnell in den besten Kreisen bekannt, er kleidete sich wie ein Edelmann, trug teure und aufwändige Perücken, die er sich immer aus Amsterdam schicken ließ. Er hatte Quartier genommen bei einem Ehepaar, dessen Name ich vergessen habe, aber da ist er nach einiger Zeit wieder ausgezogen, die Dame und er sind sich wohl näher gekommen, als es dem Hausherrn lieb war. Er war mit ihr allein, stellen Sie sich diesen Skandal vor, in die Oper gegangen und hatte längere Spazierfahrten mit ihrer Kutsche bis nach Vierlanden gemacht. Dass da der Ehemann Angst hatte, dass man ihm Hörner aufsetzt, ist doch verständlich. Jedenfalls dauerte es nicht lange, und Ovens hatte ein neues Quartier. Aber er blieb nicht lange allein, eine gute Freundin, wie er sie nannte, aus Kopenhagen und ihr Mann, ein Arzt, zogen wohl auf seinen Rat hin nach Hamburg und versuchten hier ihr Glück. Der Mann verschwand so plötzlich, wie er gekommen war, er hatte große Schulden gemacht. Ovens und die Dame aus Kopenhagen wurden ab und zu gemeinsam gesehen. Es gab natürlich Gerüchte über dieses ungleiche Paar, sie war, denke ich, fast zehn Jahre älter als er.

Ich wollte alles über seine neuartigen Konstruktionen wissen und habe ihn nie nach seinem Privatleben ausgeforscht. Es stand mir nicht zu, er war schließlich der Ingenieur und ich war ihm als Baumeister unterstellt. Ovens arbeitete manchmal bis spät in die Nacht über seinen Plänen und er hat meistens am Morgen die Lösung präsentieren können, wenn wir am Tag zuvor auf ein Problem gestoßen waren. Dafür habe ich ihn immer sehr bewundert.

Warum ihm die Stadt nur diese eine Maschine abkaufte und ihn nicht noch mit anderen Aufgaben betraute, habe ich nie verstanden. Ich kann mir nur denken, dass er mit seiner direkten Art, die vielleicht manchmal etwas unüberlegt war, bei den hohen Herren angeeckt ist. Er stellte Fragen und wollte direkte Antworten, vor allen Dingen, wenn es um den Bau und die Genehmigung seiner Maschinen ging. Das ist aber in einer so großen Stadt wie Hamburg natürlich nicht so wie bei einem Gutsbesitzer, dem er eine Mühle baut. Da muss fein abgewogen werden, es wird in verschiedenen Sitzungen diskutiert, abgestimmt und wieder verworfen. Wenn man da ungeduldig wird und sich dazwischen die Zeit vertreibt, indem man mit verheirateten

Frauenzimmern herumkutschiert, kann es schon vorkommen, dass man in Hamburg pikiert ist.

Er hat dann, obwohl der Rat sehr zufrieden mit seiner Schlamm-Maschine war, keinen weiteren Auftrag erhalten. Er wollte eigentlich die Marsch- und Vierlanden mit einem Kanal durchziehen, damit die Waren besser transportiert werden könnten. Das war sehr weitsichtig, doch die Hamburger waren kurzsichtig. Und wenn er vor Altona die Elbe vom Schlick hätte befreien können, so wie er es vorgeschlagen hatte, hätten die Dänen das Nachsehen gehabt, und die größten Schiffe hätten alle bis in den Hamburger Hafen einlaufen können.

Vor ein paar Jahren ist er wieder hier aufgetaucht und hat seine alten Verbindungen genutzt, er hat in großem und größtem Stil Holz eingekauft, dazu noch bei den Reepschlägern in St. Pauli Garn und Reep, er ist wohl Deichbauer geworden, sollte den Deich in Wischhafen reparieren, der vor ein paar Jahren durch die Weihnachtsflut zerstört worden war. Alle Achtung, habe ich da gedacht, wer hätte gedacht, dass Ovens so hoch aufsteigt.

*

Es gebe, schrieb Ovens nach Kopenhagen, in Hamburg die besten Möglichkeiten, die sich denken ließen. Er habe große Pläne, die gebratenen Tauben würden einem hier geradezu in den Mund fliegen. Er solle nur kommen und seine liebe Frau mitbringen, es gebe hier Oper und Theater. Der neue Cantor sei ein gewisser Telemann, dessen schöne Musik man überall hören könne. Und erst die schönen Komödien auf

Französisch! Er liebe diese Sprache, wiewohl es eine weitere gäbe, in der man so herrlich parlieren könne, nämlich das Dänische, das er auch sehr gut beherrsche. Wie plump klänge dagegen das Englische.

Der Brief erreichte Doktor Cornelius in Kopenhagen gerade zur rechten Zeit, er hatte Schwierigkeiten mit dem Königshof und plante seit einigen Wochen seine Abreise.

Ovens mietete ein Haus, in bester Lage und auf Kosten des Dänen. Jeder Marktschreier verdiene hier in Hamburg mehr als ein Doktor in Dänemark, hatte er versprochen.

Die Abende verbrachte er nun oft im Theater, an seiner Seite die Kopenhagenerin. Die Komödien begeisterten das Publikum, Ovens verstand kein Wort. Er sprach kein Französisch und lachte immer erst, wenn das Publikum es ihm vormachte. Ovens langweilte sich schrecklich, nur die Blicke auf die schönen Dekolletés der hamburgischen Kaufmannstöchter entschädigten ihn.

Nicht alle seien so hübsch, wie sie zu sein meinten, sinnierte er, aber dafür, dass sie ihre Männer nach der Hochzeit nicht nur mit Liebe, sondern auch mit Geld überschütteten, würde er auch so ein Pferd heiraten. Diese und andere lüsterne Gedanken ließen ihn die Pein der Theaterabende ertragen.

An manchen Abenden nach dem Besuch von Theater oder Oper, die Ovens genauso langweilte, kam die Kopenhagenerin zu ihm. Der dänische Arzt musste manchmal abends oder auch nachts Patienten behandeln, er brauchte die Einnahmen, und Ovens war es recht. Als der Erfolg ausblieb – der Mediziner verstand seine Patienten nicht und diese nicht seine Behandlungen –, wurden die Schulden größer und auch die Verzweiflung.

Ovens tröstete den Mann: Es werde sich alles zum Guten wenden, er habe bald beste Kontakte zum Rat, seine Maschine werde ein großer Erfolg, viel Geld werde er verdienen und für die Schulden einstehen. Er habe noch viele gute Pläne in der Schublade, er denke daran, die Marsch- und Vierlanden mit einem Kanal zu durchziehen und trocken zu legen.

Ovens tröstete auch die Frau. Doch das Geld blieb aus, Ovens musste Kredite aufnehmen, um die Maschine bauen zu können. Der Doktor wusste nicht mehr, wie er seine Schulden begleichen sollte. Er ahnte nichts von Ovens' Tröstungen, verabschiedete sich in einer Nacht plötzlich unter Tränen von seiner Frau und verschwand.

Die Maschine wurde ein großer Erfolg, die Hamburger strömten zur Alster und zur Süderelbe, um das Ungetüm arbeiten zu sehen. Ovens zerriss es fast vor Stolz, der Rat zahlte für das Wunderwerk jedoch nur so viel, wie dieser ausgegeben hatte, die Kanalpläne blieben in der Schublade, des Doktors Schulden konnten nicht getilgt werden. Ovens versetzte und verkaufte den Schmuck der dänischen Freundin. Sie sei viel schöner, wenn sie nichts am Körper habe, hatte er ihr in einer Nacht ins Ohr gesäuselt. Schließlich verscherbelte er den Hausrat und die wenigen Möbel, die ihr gehörten.

Als sie nach Kopenhagen floh, war von Ovens nichts zu sehen.

Wilhelm Johann Engel:

Ich lernte den Ovens in Hamburg kennen, als ich von meinem Vater dorthin geschickt wurde. Verschiedene Geschäfte, Sie verstehen, darüber möchte ich jetzt nicht berichten. Mein Vater ist ein wohlhabender Geschäftsmann, er lebt in London, obwohl er kein Engländer ist. Er stammt aus Münster und hat so viele geschäftliche Verbindungen nach England gehabt, dass er schließlich dorthin verzogen ist. Und, wie jeder weiß, es bestehen starke Verbindungen zwischen Hamburg und London, sodass es nötig war, nach Hamburg zu reisen. Es war im Jahr 1716, als ich dort eintraf und unter anderem den Auftrag hatte, einen fähigen Ingenieur zu suchen, der einige Pläne meines Herrn Vaters in London und auf dem Kontinent umsetzen sollte.

Ich bin mehr zufällig auf Ovens gestoßen, ich war auf dem Weg zum Rat, als ich bemerkte, wie an einem großen See, dessen Namen ich vergessen habe, er lag mitten in der Stadt, eine gewaltige Maschine arbeitete. Ich blieb stehen und sah begeistert, wie das Wasser von einem schwarzen, stinkenden Schlamm befreit wurde. Die Pläne meines Vaters sahen nun keine Wasserreinigung vor, aber ein Ingenieur, der so etwas bauen kann, dachte ich mir, ist sicher auch in der Lage, andere Probleme zu lösen. Ich machte die Bekanntschaft mit Jacob Ovens und bot ihm an, mit mir nach London zu reisen und in den Dienst meines Vaters zu treten. Ovens war erst nicht angetan von der Idee, er wollte längere Zeit in Hamburg bleiben, um verschiedene Projekte durchzuführen, aber nach ein paar Wochen kam er zu mir und erklärte sich einverstanden. Er hatte sich wohl über den Rat geärgert, der seine sämtlichen Projekte abgelehnt hatte.

Ein Plan meines Vaters sah vor, in der Stadt Harburg, am Südufer der Elbe gelegen, den Hafen zu erweitern. Als Ovens davon erfuhr, war er sehr erstaunt, denn er hatte ähnliche Pläne und, nachdem er einen Grundriss der Stadt erstellt hatte, skizzierte er sehr überzeugend ihre Entwicklung und schlug mehrere größere Projekte vor. So erwähnte er den Bau eines Kanals nach Lüneburg und Celle, die Errichtung mehrerer Mühlen und die Ansiedlung tüchtiger Handwerksfamilien, die fleißig und königstreu sein sollten.

Die Reise nach England war beschwerlich. Wir nahmen eine Kutsche, der schon in Neukloster das erste Mal die Achse brach. Wir übernachteten in einem Gasthaus. Nachdem die Achse repariert und die Pferde getauscht waren, kamen wir am nächsten Tag endlich in Bremen an, wo wir ein paar Tage bleiben mussten, bis wir ein Schiff nach England besteigen konnten. Ovens verhandelte auch dort mit den Ratsherren, erfolglos zwar, aber das lag wohl an der Rivalität der beiden großen Städte, die sich gegenseitig noch nicht einmal die Empfehlungen und Atteste anerkennen wollten.

Schließlich in London angekommen, war mein Vater von Ovens nicht so angetan wie ich. Er war nicht überzeugt, dass dieser die anvisierten Aufgaben bewältigen könne. Dazu kamen Gerüchte, die von einem dänischen Baron gestreut wurden, dass Ovens in Dänemark gesucht werde und zweimal seinen Häschern ganz knapp entwischt sei. Ovens selbst trat sehr selbstsicher auf, er stritt alles ab. Ich glaube, er war hier das Opfer einer Verwechslung. Die Empfehlungen und Atteste, die er mir gezeigt hatte, waren einwandfrei, es waren sogar welche des dänischen Königshofes dabei, und wie sollte er die erhalten haben, wenn er gleichzeitig gesucht worden wäre. Das waren alles Neider und Lügner, die ihm nur schaden wollten. Es ist immer das Gleiche: Diejenigen, die gute Ideen haben und erfolgreich sind, haben am schnellsten Gegner, die manchmal vor nichts zurückschrecken. Wie soll man sich gegen Gerüchte wehren? Ovens tat das einzig Richtige: Er stellte den Baron zur Rede und, als er verlangte, der Mann sollte seinen Adelstitel nicht nur führen, sondern durch einen Adelsbrief beweisen, wurde der Däne ganz still und war von dem Moment an Ovens' bester Gönner.

Wir haben einen ganzen Abend über diesen Coup von Ovens gelacht. Man hat manchmal das Gefühl, allerhöchstens die Hälfte der Freiherren, Barone und Grafen, die heutzutage durch Europa reisen und von Hof zu Hof ziehen, sind wirklich adligen Blutes.

Der dänische Baron mit dem unaussprechlichen Namen machte Ovens dann mit einem angeblichen Verwandten bekannt, dem Geheimen Rat von Bernstorff, der von Ovens sehr angetan war. Der Graf oder Baron, ich weiß es nicht mehr, besaß große Güter im Mecklenburgischen und war schon länger auf der Suche nach einem Fachmann für die Entwässerung. Ovens bot sich an, doch der Graf zögerte. Erst solle Ovens, so meinte er, eine Probe seines Könnens ablegen, bevor er eine so große Aufgabe übertragen bekomme.

Ovens beabsichtigte einen Deichbruch vor London zu stopfen, der bei einer Sturmflut entstanden war und nun Deghnon Breek genannt wurde. Ovens reiste mit mir und Bernstorff dorthin und war sehr erstaunt, dass die Engländer nicht in der Lage waren, dieses Loch zu schließen. Es war gefährlich nahe der Nordsee. Bei jeder größeren Sturmflut wuchs die Gefahr, dass das Loch so immens würde, dass das ganze fruchtbare Hinterland von Tilbury und Grays überschwemmt worden wäre. Bernstorff wollte *unbedingt sehen, wie Ovens arbeitet und empfahl ihn dem Lord Major, aber die sturen Engländer verlangten Atteste und Zeugnisse seiner Deichbauarbeiten.*

Ovens tobte, nachdem er den Lord Major verlassen hatte. Er schimpfte ihn und alle Engländer Ignoranten: Da drohten bei jeder Sturmflut ganze Dörfer abzusaufen und die Herren wollten Papiere sehen!

Ovens meinte, wenn er das gewusst hätte, hätte er sich die richtigen Papiere schon besorgen können, wenn nötig über Nacht. Er kenne genügend Siegelmacher, die ihm jedes beliebige Siegel für jeden beliebigen Brief innerhalb von ein paar Stunden herstellen könnten.

Der deutsche Graf war der Meinung, wenn Ovens in der Lage und willens sei, Deiche zu reparieren, ohne dem Land und dem König Schaden zuzufügen, so solle er nach Wischhafen im Stift Bremen, dahin könne er ihn vermitteln.

Nun bekam Ovens, was ihm beim Lord Major wohl geholfen hätte: ein Empfehlungsschreiben, das ihm die Türen in Hannover öffnen sollte. Die Tür in London aber blieb verschlossen, und Ovens wollte sie auch nicht mehr öffnen. London solle doch absaufen, meinte er, wenn sie es nicht selbst fertig brächten, dieses kleine Loch zu stopfen. Er selbst wolle es jedenfalls nicht mehr probieren.

Von Bernstorff bestand jedoch darauf, dass Ovens zuerst seine Güter in Gartow besuchen solle, um Pläne zu machen und Arbeiten zu beaufsichtigen.

*

Es sei ihm so vieles bisher in seinem Leben geglückt, dachte Ovens und beschloss, sich von dem kleinen Sturm, der über den Ärmelkanal fegte, nicht aus der Ruhe bringen zu lassen.

Da habe es in seinem Leben schon Schlimmeres gegeben, meinte er und nahm dem Steuermann das Ruder ab.

Er habe in seinem linken Ohrläppchen mehr Mumm, schrie er dem Kapitän des Seglers durch den Sturm zu, als dieser in seinem Sack. In seiner Zeit auf den dänischen Kaperschiffen habe er oft am Ruder gestanden, habe sich gar überlegt, dauerhaft zur See zu fahren.

In Amsterdam hatte er sich wieder mit Engel getroffen, gemeinsam wollten sie zurück nach Hamburg, um dort den alten Freunden wieder zu begegnen.

Wenn er ihm 200 Reichstaler vorschießen würde, meinte Ovens in Amsterdam zu Engel, würde er ihm mindestens 400 zurückzahlen.

Sofern er dann Geld habe, erwiderte Engel.

Er habe sicher bald Geld, er habe sich bisher immer am eigenen Zopf aus dem Sumpf gezogen.

Schopf, sagte Engel.

Bitte?

Schopf! Man ziehe sich am eigenen Schopf aus dem Sumpf, nicht am Zopf.

Er solle nicht so scheinklug daherreden, ob das mit dem Geld klappen würde?

Ovens war beleidigt, Engel ebenso.

Es sei nicht so einfach, sagte Engel nach einer Weile, er selbst habe keines und müsse sich auch etwas einfallen lassen, solches zu besorgen. Ovens solle sich bitte ein paar Gedanken machen, vor allen Dingen sei er um die Rückzahlung besorgt.

Da solle er sich mal keine Sorgen machen, erwiderte

Ovens, gute Gedanken würden bei ihm aus dem Kopf purzeln wie die Ferkel aus der Sau.

Engel hatte sich schließlich von einem Freund in Amsterdam ein paar holländische Gulden geliehen und sie Ovens vorgestreckt. So konnte sich Ovens neu einkleiden.

Er wolle den Pfeffersäcken der Hansestadt schließlich noch einmal seine Vorschläge unterbreiten, sagte Ovens, und gern seinen Bekannten gegenübertreten und die galanten Damen umarmen. Er war sicher, dass die Hamburger sich diesmal nicht sperren würden, zu überzeugend schienen ihm seine Pläne. Ihm schwebe da außerdem noch etwas Besonderes vor, etwas, womit diese Herrschaften beim besten Willen nicht rechnen könnten. Er wolle sich rächen an diesen blasierten, hochnäsigen und eingebildeten Angebern im Rat, er wolle Rache nehmen für die Demütigung, die sie ihm beim ersten Mal angetan hätten, als sie ihm die Maschine abgekauft hatten und gemeint hätten, sie wären besonders schlau gewesen.

Ob er italienische Sprichwörter kenne, fragte Ovens. Aber Engel schüttelte abwesend den Kopf. Er hatte gerade ausgerechnet, dass sie noch mindestens fünf Stunden in dieser alten Kutsche brauchten, bis sie das Hamburger Gebiet erreichten.

Für Leute mit Geschmack, und Engel war sofort klar, dass Ovens sich damit selbst meinte, sei Rache eine Mahlzeit, die man kalt genießen würde. Das würden die Italiener sagen. Ob er das verstanden habe?

Das hast du ja selbst nicht, dachte Engel und nickte geflissentlich: Doch, natürlich, es sei sehr amüsant.

Ein paar Tage später zogen sie schon weiter nach

Stade. Die Empfehlung von Bernstorffs zeigte in Hamburg keine Wirkung, der Rat ließ Ovens noch nicht einmal vorsprechen. Ihm wurde bedeutet, sich so schnell wie möglich aus der Stadt zu entfernen, sein Ruf sei nicht der beste. Wenn er sich in drei Tagen noch auf dem Gebiet der Stadt befinde, käme man nicht umhin, ihn peinlich zu befragen.

In Stade las Ramdohr, der Geheime Kammerrat, die Empfehlung und war entzückt. Seine Frau musterte die Besucher und wandte sich angewidert ab.

Sie sei eine Xantippe, raunte Ovens Engel zu, als Ramdohr am Fenster den Brief entzifferte, faltig und hässlich, für die würde er morgens nicht aufstehen.

Nachdem sie sich für den nächsten Morgen mit Ramdohr verabredet hatten, liefen Ovens und Engel durch die dunklen Gassen Stades zum Pferdemarkt, wo sie Quartier genommen hatten.

Das sei so eine, sagte Ovens, die würde dabei sicher stinkende Geräusche machen. Engel wusste zwar sofort, dass Ramdohrs Frau gemeint war, doch verstand er zuerst die Pointe nicht, dann begann er brüllend zu lachen.

Was er doch für einen göttlichen Humor habe, japste er und bekam kaum Luft. Was für einen göttlichen Humor!

Er wolle nicht mit dem da oben in einem Atemzug genannt werden, erwiderte Ovens unerwartet scharf, mit dem habe er schon lange nichts mehr am Hut. Und nun solle Engel Ruhe geben, so gut sei der Witz nun auch wieder nicht gewesen.

Der Ritt nach Wischhafen dauerte länger, als Ovens erwartet hatte, die Felder standen bis an den Horizont unter Wasser, man musste weite Umwege reiten, um an die Stelle des Deichbruchs zu kommen. Ramdohr redete ohne Unterlass, erzählte von seinen Bemühungen, den anderen Rat, von Staffhorst mit Namen, davon zu überzeugen, den derzeitigen Deichinspektor zu entlassen.

Johanns sei ein frömmelndes Männchen, äußerte er sich und senkte dabei die Stimme, aber mit Psalmen singen würde es nie etwas mit dem Deich. Er habe auch erst im Juni mit der Arbeit begonnen, viel zu spät, habe dadurch drei oder vier Monate verloren. Er, Ramdohr, habe geredet und gebettelt, aber nichts sei geschehen. Der Geheime Kammerrat hörte nicht auf zu erzählen, Ovens runzelte die Stirn und machte hinter dessen Rücken solche Grimassen, dass Engel zu husten begann.

Ob ihm nicht gut sei, fragte Ramdohr besorgt, aber Engel winkte ab, er habe sich nur verschluckt.

Am Deich wusste Ovens schon von Weitem, wer der Deichinspektor war, obwohl der kleine Mann keine Perücke trug und in seinen braunen Kleidern mit den lehmverschmierten Schuhen kaum von den Arbeitern zu unterscheiden war.

Ob er die Pfähle auch tief genug ramme, fragte er ihn von seinem Pferd herab. Der irritierte Johanns wusste nicht, was er antworten sollte. Der fremde Reiter stellte die Fragen so, als ob er dazu berechtigt wäre.

Er solle antworten, wurde Johanns von Ramdohr angeherrscht.

So tief wie es ginge.

Dann müsse er eben noch zwei Meter tiefer, erwiderte Ovens frech, so wie sie jetzt stünden, sei das alles für die Katz. Ob er von der Mitte des Bruchs begonnen habe oder von den Seiten?

Das sehe er wohl selbst.

Johanns drehte sich und wollte, angewidert von Ovens' Arroganz, gehen.

Wie das mit den Psalmen denn ginge, rief Ovens laut. Engel begann wieder zu husten. Ob dann die Wasser plötzlich still stünden, dann sei er ja so gut wie Moses!

Andreas Gottlieb Freiherr von Bernstorff, Geheimer Rat:

Ein alter Freund aus Dänemark, er ist, glaube ich, auch entfernt verwandt mit meiner Familie, empfahl mir diesen Ovens, als ich in London weilte. Ein ungeschlachter Kerl, keine Manieren. Ein paar sehr gute Empfehlungen aus Hamburg und Dänemark. Er hatte kein Glück bei den eingebildeten Engländern, die zwar zur See fahren können, aber keine Deiche reparieren.

Ich empfahl ihn nach Hannover, ich habe da gute Verbindungen, der junge Ramdohr ist dort in der Kammer als Sekretär. In Wischhafen war der Deich zerstört, da sollte Ovens zeigen, was er konnte. Aber vorher sollte er bei mir auf meinem Gut in Gartow bei der Entwässerung der Moore helfen. Mir ist das Hemd näher als der Rock.

Gute Arbeit, muss ich sagen.

Ich habe Gartow mitsamt den 24 Dörfern im Jahr 1694 gekauft. Von Bülow waren die Vorbesitzer. Hatten wohl Geldschwierigkeiten. Die Moore waren nass, die Leute hatten nichts zwischen den Zähnen. Ich hatte gehört, dass man sehr gut Buchweizen anbauen könne, aber dazu mussten die Flächen trocken sein.

Ovens Pläne waren schlüssig und zu finanzieren. Ich hatte gerade begonnen, das neue Schloss zu bauen. Wir sind zwar eine vermögende Familie, aber auch sparsam.

Er hatte Erfahrung mit der Schlammbeseitigung, so stand es auch in der Empfehlung aus Hamburg, er baute eine Maschine, die die alten, verlandeten Gräben wieder öffnete. Er zog auch neue, verlegte ein oder zwei Bäche. Ich veranlasste den Bau mehrerer Mühlen. Teils wasserbetriebene, teils Windmühlen. Sein Umgang mit den

Einheimischen war gut. Er ließ keine Widerworte zu, wer aufmuckte, bekam schnell seine Peitsche zu spüren. Gut so, habe ich gedacht. Am besten sind die, die selbst aufgestiegen sind vom Bauernlümmel zum Ingenieur. Die treffen den richtigen Ton und wissen, wie man die Widerspenstigen mit ein paar Peitschenhieben gefügig macht. Wem es dann immer noch nicht passte, wurde fortgejagt. Es gab genügend, die seine Stelle einnehmen wollten.

Ovens bewohnte ein Haus, das groß genug war für ihn und seine Dienerschaft. Seine Avancen gegenüber unserer Familie habe ich selbstverständlich zurückgewiesen. Er stellte mehrmals den Anspruch, an den Festivitäten im Schloss teilhaben zu können. Doch ohne Adelsbrief, ich bitte Sie, er wäre im Fall der Fälle ja nicht einmal satisfaktionsfähig gewesen.

Er konnte elegant auftreten, seine Kleidung war nicht zu beanstanden, aber sein Stand. Er rühmte sich damit, in seinem Stammbaum einen berühmten Maler zu haben, Yurian Ovens, vulgo Jürgen. Der Name war mir bekannt, die Kunst ist in unserer Familie stets hoch angesehen gewesen, schon immer, aber ein Maler, der vor hundert Jahren geboren wurde und ein paar hübsche Bilder hinterlassen hat, ich bitte Sie. Das ist doch kein Grund, sich für etwas Besseres zu halten.

Er schwängerte eine Dienstmagd aus dem Schloss, nun gut, als ich es gewahr wurde, setzte ich die Dirne vor die Tür. Aber weiter als in die Küche kam er nicht im Schloss, gesellschaftlich, meine ich. Natürlich ließ ich ihn in mein Arbeitszimmer rufen, wenn eine Frage zu besprechen war, aber meine Zeit war sehr bemessen.

Er war ein Emporkömmling und blieb ein Emporkömmling. Unsere Familie kann man bis ins 12. Jahrhundert zurückverfolgen, da sollen wir uns mit so einem windigen Parvenü, der tagsüber im Modder und Schlamm wühlt, am Abend die Dienerschaft schwängert, gemein machen?

Als sich die Arbeit dem Ende näherte, habe ich ihm ein zweites, sehr wohlwollendes Zeugnis ausgestellt und ihn nach Hannover entlassen. Er sollte dem Deichbaumeister in Wischhafen zur Hand gehen. Die restlichen Arbeiten hat einer meiner Aufseher zu Ende gebracht.

Mein Fazit ist, dass ich ihn bei einem größeren Vorhaben sicher wieder in Anstellung nehmen würde. Über Unregelmäßigkeiten ist mir nichts zu Ohren gekommen.

Der Deichbau von Wischhafen (1719–1723)

Eibe Siade Johanns, Sohn des gleichnamigen Oberdeichgrafen:

Mein Vater hatte 1719 die Arbeit in Wischhafen übernommen. Vorher waren schon zwei Baumeister gescheitert. Der Holländer hatte sich feige aus dem Staube gemacht, als er feststellte, dass der Untergrund in diesem Land aus feinstem Treibsand besteht. Das hat meinen Vater nicht abgehalten, sich mit viel Kraft an die Arbeit zu machen. Ich war als junger Mann oft an seiner Seite. Jetzt bin ich selbst Deichgraf im Land Wursten, ich habe viel von der Erfahrung meines Vaters profitiert.

Viele sagen, die schwere Arbeit hätte meinem Vater das Leben gekostet, aber das stimmt nicht. Er war es gewohnt, bei Wind und Wetter ganze Tage an den Deichbaustellen zu verbringen, er hatte gutes Schuhwerk und war ein robuster Mann. Die Aufgabe war außergewöhnlich, das stimmt. Der Deichbruch war sehr groß. Das Wasser ist ja nicht über den Deich gegangen, sondern hat ihn praktisch mitsamt seinem Fundament weggerissen, ein regelrechter Grundbruch. Und dann war da noch dieser tückische Treibsand, der als Untergrund für ein solch schweres Bauwerk wie einen Deich eigentlich gar nicht geeignet ist.

Wären die Kehdinger in den hundert Jahren zuvor nicht so nachlässig gewesen und hätten den Deich immer gut gepflegt, wäre es sicher nicht so schlimm gekommen. Die Schleuse scheint auch nicht in Ordnung gewesen zu sein. Jeder, der hinter dem Deich wohnt, kennt das dumpfe Schlagen der Tore, wenn sie sich schließen. Für alle ist das mindestens so beruhigend wie das Schlagen der Kirchenglocken. Den Kindern wird noch heute gesagt, dass sie gut und beruhigt einschlafen können, wenn sie das dumpfe, beruhigende „Bumm" der Tore hören. Aber es ist nachlässig, sich nur darauf zu verlassen, und das war der Fehler, den die Kehdinger gemacht haben. Der Deich war schon marode, als das erste Wasser kam, und alle nachfolgenden Fluten hatten ein leichtes Spiel. Als mein Vater kam, war der Deich schon auf hundert Metern gar nicht mehr vorhanden und im Land breitete sich das Wasser wie ein See aus. Er hat die Tiefe der Bracke gemessen und sein Lot endete bei zwölf Metern.

Es gab drei Gründe für den frühen Tod meines Vaters: die neuerliche Flut, die Querelen mit den Einheimischen, die viel Kraft gekostet haben, und dieser Wirrkopf, der sich anschickte, meinen Vater zu kritisieren. Sie verstehen, wenn ich vermeide, seinen Namen zu nennen.

Schon van Haarlem verzweifelte an der Unlust der Kehdinger, die mit polizeilicher Gewalt zu ihren Spanndiensten geprügelt werden mussten. Alle Kirchspiele arbeiteten gegeneinander. Waren die Asseler mit etwas einverstanden, stimmten die Bützflether sicher dagegen, ging es aber gegen die Ostener, hielten alle drei Kehdinger Kirchspiele zusammen. So ging es das ganze Jahr 1718. Bützfleth stellte vier Mann und einen Karren mit zwei Pferden, Assel vier Karren und 15 Mann und Drochtersen sieben Karren mit 15 Mann, um den Deich zu bauen. 34 Mann aus Südkehdingen, um einen 2000 Meter langen Deich zu bauen. Wahrlich, eine Meisterleistung. Und als der schlecht gebaute Deich gleich bei der ersten Sturmflut wieder brach, soffen die Kehdinger wieder ab. Die ganze Saat des Herbstes war perdu. Teufel auch, wer hätte das vermutet, nachdem sich die 34 Mann so angestrengt hatten.

Der Baron von Marschalck hat sich zum Beispiel darüber beschwert, dass 1689 auch kein Kehdinger nach Blumenthal gekommen sei, als dort der Ostedeich koppheister gegangen war. 1689, das stelle man sich vor. Ich wusste gar nicht, dass der so ein langes Gedächtnis hat. Er zeigte sich empört über die Kehdinger Freiburgischen Teils, die sich nicht entblödeten, so hat er gesagt, bei der Regierung in Stade nachzufragen, ob man die angrenzenden Gebiete nicht verpflichten könne, am Deich zu arbeiten.

Verzeihen Sie den Zynismus, aber dass man als Deichbauer darüber gram wird, muss man verstehen.

Auch im Norden sah es nicht besser aus. Die Ostener weigerten sich anzutreten, das ginge sie nichts an, schließlich läge zwischen ihnen und dem überschwemmten Land das Hochmoor, das würde sie ausreichend schützen.

1718 gab es zehn Sturmfluten und am Ende war es schlimmer um die Felder und Menschen bestellt als nach der Weihnachtsflut. Es gab keine Saat und keine Ernte. Aber die Kehdinger stritten sich untereinander und mit der Regierung in Stade. Das Schlimmste war: Der Oberdeichgraf von der Beck aus Drochtersen, er bewirtschaftete das Gut Hohenblöcken, hat sich überhaupt nicht an den Arbeiten für den Defensionsdeich beteiligt. Mit juristischer Haarspalterei hat er behauptet, seine sieben Morgen Land, die ihm in Wischhafen abgesoffen waren, würde ihn von der Arbeit befreien, obwohl er rund um seinen Hof sicher 30 oder 40 Morgen hatte, die vom Deich geschützt wurden. Der Mann ist Oberdeichgraf! Unvorstellbar. Dieses Verhalten hat die kleinen Bauern natürlich nicht gerade angespornt.

Mein Vater konnte schließlich erst im Juni 1719 mit der Arbeit beginnen. Es gab vorher Streit um das Geld, bis schließlich aus der Landesherrschaftlichen Kasse den Kehdingern Geld geliehen wurde.

Mein Vater war streng, strenger als bei seinen anderen Aufgaben, die er in Wursten erledigt hatte. Aber die Uneinsichtigkeit hier zwang ihn dazu. Er musste hart durchgreifen, sonst wäre die Arbeitsdisziplin noch geringer gewesen. Wer sich weigerte, seine Anweisungen zu befolgen, bekam das Halseisen angelegt oder er wurde für einen Tag an den Pfahl gebunden. Und natürlich trug er immer eine Peitsche, die er manchmal einsetzen musste, wenn es Raufereien oder Schlägereien gab. Er schlief im Zelt an der Baustelle. Alle sündigen Vergnügungen hatte er verboten. Er verlangte viel von den Männern. Leider haben nur wenige verstanden, dass sie für ihre eigene Zukunft arbeiten sollten und nicht für den Deichgrafen, die Stader Herren oder den König. Immer wieder kam es zu Würfel- und Kartenspielen, Zechereien, Zank und Händel. Mein Vater ist fast verzweifelt, aber er hat es geschafft, dass bis zum frühen Herbst die Bracke abgedichtet war. Man konnte schon mit der Handkarre von einer Seite zur anderen gehen.

Man kann verstehen, dass im Frühjahr und Herbst die Bauern auf ihren Feldern zu tun haben, aber dieses Mal hätten sie besser auf die Einsaat verzichtet. Im November gab es wieder eine große Sturmflut und, weil nicht genügend Männer zur Verfügung standen, waren die Grassoden noch nicht auf dem Deich. Er brach, und alles, was mein Vater mühsam aufgebaut hatte, wurde weggeschwemmt. Kurz zuvor kam noch dieser Aufschneider im Gefolge des Geheimen Kammerrats Ramdohr aus Stade. Erst dachte ich, er sei ein Vertreter der Krone aus Hannover, so hat er sich aufgeplustert. Er ritt auf einem schneeweißen Pferd, mit leuchtend weißer Perücke und großem schwarzen Hut. Sein Rock war rot, die Hose gelb.

Er baute sich vor meinem Vater auf und kritisierte dessen Arbeit heftig. Mein Vater war ein sehr frommer und tugendsamer Mann und hat die Arbeiter Psalmen singen lassen, damit sie ihre gottlosen Gedanken an die Zecherei und die liederlichen Weibsbilder vergessen.

Johanns, rief der Kerl, meint Ihr, die Psalmen lassen die Deiche von alleine wachsen? Dann singt mal schön, wenn die nächste Sturmflut kommt.

Ich habe noch sein Lachen im Ohr, auch Ramdohr amüsierte sich wohl königlich auf Kosten meines Vaters, der vor Wut zitterte. Ich wollte auf den Reiter, der wie ein Pfingstochse herausgeputzt war, losgehen, aber Vater hielt mich zurück. So sind die beiden noch zwei Stunden am Deich entlang geritten, haben mit den Zimmerern und Schmieden gesprochen und dann hat dieser Mann die Dreistigkeit gehabt, vor dem Zelt meines Vaters abzusteigen und ungefragt hinein zu sehen, als ob er das Recht hätte, es zu kontrollieren.

Mein Vater ist ein paar Monate später gestorben, die Schmach über den zerstörten Deich und die Demütigung durch diesen Mann hat er nicht überleben können.

*

Ovens sei ein widerlicher Lump, er solle sich von ihm fernhalten, hatte die Frau des Geheimen Kammerrats Ramdohr gezischt, als ihr Mann ihr Vorhaltungen machte, warum sie so unhöflich sei gegenüber seinem Gast, schließlich sei dieser jetzt Oberdeichinspektor und so einem müsse man Respekt erweisen. Ovens war zuvor in Gartow gewesen und hatte dem Baron von Bernstorff die Moore entwässert. Die Reise danach nach Hannover hatte Ramdohr mitgemacht, sie nahmen eine Kutsche, Ramdohr meinte, er sei zu alt für einen so langen Ritt. Der Geheime Kammerrat erzählte ohne Unterlass von seinen Söhnen, er hatte vier, Ovens schlief die meiste Zeit. Das Wetter war schlecht, es war ein nasser Herbst, und mehr als einmal neigte die Kutsche sich bedrohlich zur Seite. Ramdohr fiel drei Mal auf den schlafenden Ovens.

Ob er schon ein schönes Eheweib habe, fragte Ramdohr. Ovens schüttelte den Kopf.

Da gebe es in Stade eine Reihe junger Mädchen, alle im heiratsfähigen Alter und noch ohne Bräutigam.

Ovens hob den Kopf und sah Ramdohr aus müden Augen an.

Ah ja?

Seine Frau und er würden sich sehr geehrt fühlen, fuhr Ramdohr unverdrossen fort, wenn er öfter bei ihnen zu Gast sein würde.

Wie weit es noch bis Hannover sei, fragte Ovens den Kutscher.

Drei Stunden.

Er müsse gestehen, der Geheime Kammerrat beugte sich vertraulich zu Ovens, er fühle sich so, als habe er mit ihm einen fünften Sohn dazu gewonnen.

Im Geheimen Ratskollegium plädierte Ramdohr für die Ernennung zum Oberdeichinspektor, schwenkte den Empfehlungsbrief des Barons aus Gartow und prahlte mit Ovens Erfahrung im englischen Deichbau.

Die Notlage sei groß, der Deichbau müsse noch in diesem Jahr fertig gestellt sein, trotzdem seien die

Bedingungen einer Anstellung zum Oberdeichinspektor nicht verhandelbar, wurde Ovens bedeutet. Der hoch verehrte und geschätzte Geheime Kammerrat Ramdohr werde als Mitglied der Regierung in Stade mit der von ihm bekannten Treue zum Kurfürsten und König von England damit betraut, seine Arbeiten zu überwachen.

Als Oberdeichinspektor stehe ihm ein Gehalt von 1000 Reichstalern pro Jahr zu. Es sei untersagt, den Lieferanten Provisionen zu berechnen oder Geschenke anzunehmen. Das sei vielleicht in Hamburg so üblich, hier im Kurfürstentum herrschten andere Sitten. Ob er damit einverstanden sei?

Es sei ihm eine Ehre!

Zu Ovens' Verwunderung dauerte es keine zwei Stunden und er verließ Hannover als wohlbestallter Oberdeichinspektor.

Er fühlte sich wie auf seinem Ritt aus Garding, er hätte am liebsten über die ganze Welt gelacht.

Auch Ramdohr war hochzufrieden, sein ältester Sohn war Sekretär im hannoverschen Rat und hatte im Vorfeld seine Beziehungen spielen lassen und den Weg für die Ernennung bereitet.

Das Empfehlungsschreiben aus England habe den Ausschlag gegeben, meinte Ramdohr noch, bevor er kurz vor Celle einschlief. Seine Erfahrung mit dem englischen Deichbau.

Meine Erfahrung mit dem englischen Deichbau, dachte Ovens. Er sinnierte, wie gut das Geld in London für die verschiedensten Atteste und Empfehlungsschreiben angelegt worden war und war zufrieden. Am besten, fand er, waren die königlichen Siegel gefälscht. Wenn die Hannoveraner drauf hereingefallen waren, müsse es eine Meisterleistung gewesen sein.

Andreas Philipp Ramdohr, Referendar bei der kurfürstlichen Kammer zu Hannover:

Wir mussten handeln. Der Deichgraf Johanns war eine einzige Enttäuschung. Im Land Wursten hat er wohl gute Arbeit geleistet, aber hier in Kehdingen kam er nicht zurecht. Die Verhältnisse sind einfach anders, der Treibsand im Untergrund ist schwer zu beherrschen. Außerdem hat er eine Günstlingswirtschaft eingeführt, über die sich die Einwohner schwer beklagt haben. Er holte seinen Sohn, seinen Schwager und etliche Cousins auf die Baustelle. Dagegen wäre nichts zu sagen gewesen, wenn sie ein Handwerk beherrschten, das man hier nicht ausübt, aber Fachleute dieser Couleur haben wir hier auch. Schmiedemeister und Zimmerleute haben wir hier genug, da muss man nicht welche von der Weser holen. Die Leute haben geschimpft, als sie gesehen haben, dass sie unentgeltliche Dienste leisten mussten, und ein paar Fremde sich die Taschen voll gestopft haben.

Als wir mit dem Ovens die Deichbaustelle besichtigen wollten, hat Johanns sich uns in den Weg gestellt und wollte uns den Zutritt zur Baustelle verweigern. Ovens hat dann ein paar Fragen zur Bauweise gestellt, die der Johanns anfangs nicht beantworten wollte. Mein Vater hat ihn dann angewiesen, Stellung zu nehmen. Ich muss sagen, die Fragen waren überzeugend, die Antworten nicht. Man hat da gleich gesehen, dass die Zeugnisse die Wahrheit über Ovens aussagten. Er ist ein fähiger Mann, und ich bin froh, in Hannover meinen Einfluss geltend gemacht zu haben.

Als dann noch herauskam, dass Johanns von jeder Rechnungssumme zwei Prozent Provision eingestrichen hat, ist meinem Vater der Kragen geplatzt. Er wollte Ovens sogleich herbeordern, um Johanns, der offensichtlich überlastet war, eine kluge und tatkräftige Hilfe zur Seite zu stellen, aber Ovens lehnte ab, er habe beim Geheimen Rat von Bernstorff noch Aufgaben zu erledigen, er sollte dort wohl die Entwässerung des Landes beaufsichtigen. Außerdem, ließ er uns im Vertrauen mitteilen, habe er nicht die Absicht, bei seinem Können als Stellvertreter zu arbeiten.

Mich hat sein ganzes Auftreten überzeugt. Man merkte, da ist ein tatkräftiger Mann, der weiß, was er kann. Und dann die Empfehlungen: aus England die besten Zeugnisse und der Name des Freiherrn von Bernstorff ist hier auch kein unbekannter.

Ich bin ein paar Tage später wieder nach Hannover gereist und habe dort ein wenig Vorarbeit geleistet, mit Hilfe meines Vaters natürlich, dem Geheimen Kammerrat. Es gab dann keine Schwierigkeiten, den Ovens zum Oberdeichinspektor zu ernennen, nachdem Eibe Siade Johanns so erkrankt war, dass bei ihm an eine Wiederaufnahme der Arbeiten nicht zu denken war.

Ovens begann aufzuräumen. Er entließ als Erstes den Sekretär Stelling, dem er vorwarf, zusammen mit Johanns schlecht gewirtschaftet zu haben. Johanns habe über 80.000 Reichstaler verbaut, und im Grunde sei das ganze schöne Geld in die Elbe geschwemmt.

Ovens ließ einen Vertrauten, einen jungen Leutnant namens Engel, die Kasse machen und wies ihn an, nur mit Gegenzeichnung von ihm, Ovens selbst, Gelder zu bewilligen.

Ovens schätzte den Geldbedarf für das nächste Jahr auf 25.000 Reichstaler und die kurfürstliche Kammer, deren Referendar ich die Ehre habe zu sein, versuchte das Geld bei den zahlungspflichtigen Ländereibesitzern in

Kehdingen aufzutreiben. Leider nur mit mäßigem Erfolg, selbst Androhungen von polizeilichen Mitteln führten nicht dazu, dass die Kehdinger ihren Pflichten nachkamen, wir konnten nur einige Obligationen zeichnen lassen. Ihre Majestät, Georg I von England und Kurfürst von Hannover, bewilligte schließlich die nötige Summe aus der königlichen Kasse, selbstverständlich nur als Kredit für die widerspenstigen Kehdinger.

Gesche Hinrichsen, Dirne aus Stade:

Ich gebe keine Auskunft über die Männer, die mich besuchen. Die meisten kenne ich sowieso nicht, und ob der Ovens dabei gewesen ist, weiß ich nicht. Ich habe gutes Geld verdient in seiner Zeit als Deichgraf, er ließ mich meistens in Ruhe arbeiten. Nur wenn eine Kommission aus Stade oder Hannover kommen sollte, musste ich mit meinem Zelt verschwinden. Meistens bin ich dann zu einer der Marketenderinnen gegangen und habe dort gewartet, bis alle wieder weg waren. Abends kamen die Arbeiter, vor allen die von weiter her, die einen so langen Weg hatten, dass sie nicht nach Hause laufen konnten. Manche kamen von Burweg oder Assel oder aus Stade, das sind Fußmärsche von einem halben Tag. Sie schliefen im Sommer meistens unter freiem Himmel. Wenn es regnete, drängten sie sich unter ein paar kleinen Zelten zusammen. Da zogen es doch manche vor, sich vorher noch ein wenig auf meinem Strohsack zu ertüchtigen, dann konnten sie besser einschlafen. Im Frühjahr und im Herbst gingen die Geschäfte schlechter, viele Bauern blieben zu Hause, sie mussten ja die Felder bestellen.

Natürlich kannte ich Ovens, er ritt ja immer auf seinem Pferd herum und brüllte seine Anweisungen. Aber ob er bei mir war, kann ich nicht sagen, ich hatte viel zu tun, da habe ich mir nicht die Gesichter merken können. Im Zelt war es dunkel, ich wollte mein schwer verdientes Geld nicht für helle Kerzen hinauswerfen und außerdem ich hatte nicht viel Zeit. Selbst wenn er bei mir gewesen ist, wen interessiert das?

*

Er habe niemandem außer dem König Rechenschaft abzulegen, erwiderte Ovens auf Vorhaltungen des Pfarrers und ein paar vorlauter Arbeiter. Sie hatten sich bei der Stader Regierung über ihn beschwert, sein Umgang mit den Männern auf der Baustelle sei zu hart. Außerdem würde er Erlasse verfassen „Im Namen des Königs".

Ovens schwang gern die Peitsche, wenn er über die Baustelle ritt und, wenn die Männer die Ramme bedienten, gab er mit dem Knallen der Peitsche den Takt, nicht selten landete sie hart geschwungen auf dem Rücken eines Arbeiters.

Ovens arbeitete mehr, als ihm zuweilen lieb war. Der Deichbruch und das immer wieder ins Land fließende Wasser hatten in ihm einen Ehrgeiz ausgelöst, über den er sich selbst am meisten wunderte. Er war selten in Stade, die muffige Atmosphäre im Ramdohrschen Haus ertrug er nur schwer. Die Frau des Geheimen Kammerrats ließ ihn ihre Abneigung spüren, verleugnete ihren Mann gelegentlich. Nein, der Herr sei außer Haus, log dann die Magd an der Tür und wurde dabei rot, sie wisse auch nicht, wann er wiederkomme.

Das Wetter meinte es besser mit Ovens als im Jahr zuvor mit seinem Vorgänger. Die Männer arbeiteten mit nacktem Oberkörper, begannen morgens kurz nach dem Aufgang der Sonne, und Ovens ließ sie nicht eher in ihre Zelte und Hütten kriechen, bis die Sonne am Horizont verschwunden war. Pfahl auf Pfahl ließ er rammen, von beiden Seiten arbeiteten die Männer aufeinander zu. Schon sein Vorgänger hatte so gearbeitet, und Ovens hatte es damals kritisiert.

Dilettantisch sei es, hatte er geschimpft, in der Mitte würde der Wasserfluss verengt und dadurch immer stärker. Schon eine kleine Sturmflut würde alles wieder wegschwemmen.

Er trieb die Leute an, schneller zu arbeiten, die Pfähle sollten wie die Soldaten der Garnison, die er gelegentlich rufen musste, wenn der Unmut zu groß zu werden drohte, in einer Reihe stehen.

Ovens fuhr mit dem Schiff nach Hamburg, Engel vertrat ihn am Deich, hatte scharfe Anweisung, niemanden näher als zweihundert Meter an den Bruch heran zu lassen, der keine Karre schieben oder Klei schaufeln konnte.

Die ganzen aufgeblasenen Räte und Geheimen Hanswurste sollten sich zum Teufel scheren, sagte er noch, bevor er auf das Schiff stieg, das ihn nach Hamburg bringen sollte.

Die verstünden noch weniger vom Deichbau als die Dirnen in ihren Zelten davon. Außerdem benötige er noch ein paar Barschaften, er wolle die Rechnungen in Hamburg sogleich bezahlen, Engel solle ihm schnell 1000 Reichstaler aus der Kasse holen.

Er blieb länger in Hamburg als er geplant hatte, eine Fahrt an die Alster ließ er sich nicht nehmen. Seine Maschine fand er nicht wieder, sie war wohl nach ein paar Jahren abgerissen worden. Zum Hafen kutschierte er gegen Abend zurück, die großen Segler erinnerten ihn an seine Zeit als Kaperfahrer für die Dänen. Die Dirnen in den Häusern nahe beim Hafen waren teuer aber gut. Er ließ die ganze Nacht italienischen Wein und deutsche Mädchen kommen, auch ein paar dralle dänische waren dabei, seine Taschen waren ja voller Reichstaler aus der Deichkasse.

Gegen Morgen wurde er müde, er legte seinen Kopf an die Dirne, die gerade mit ihm das Bett teilte.

Ob sie nicht mitkommen könnten, fragte sie ihn schläfrig, sie und ihre Freundinnen, er sei nicht nur großzügig, sondern auch unermüdlich, ganz anders als die schrumpeligen Herren aus der Hamburger Kaufmannschaft. Geizig seien die, würden an der Qualität ihrer Arbeit rummäkeln, nur um ein paar Schillinge abhandeln zu können. Außerdem seien sie nicht so standhaft.

Ovens nickte: Natürlich, er würde sich freuen, eine solche Unterstützung könne er bei seiner Arbeit als Oberdeichinspektor in Stade gut gebrauchen. Sie sollten um drei Uhr am Nachmittag an die Alster kommen, da könnten sie in seine Kutsche steigen. Erst bekämen sie ein paar schöne Kleider und dann würden sie mit nach Stade fahren. Er hätte ein schönes Haus und ein breites Bett. Ovens gab jeder einen Reichstaler zusätzlich und ging.

Er traf den Kaufmann Havemeister und bestellte zehntausend Faschinen, schon gebunden. Sie sollten aus Bremervörde die Oste herauf gebracht werden, mindestens ebenso viele leere Säcke. Havemeister war sehr angetan von der Größe der Bestellung, ließ ein paar Prozente ab. So eine große Bestellung habe das verdient, meinte er und schrieb die Rechnung. Ovens nahm das Papier, las es durch und zerriss das Schreiben.

Er komme in der nächsten Woche wieder. Die Bestellungen sollten auf eine Rechnung.

Ovens ließ sein Schiff um 11 Uhr losmachen. An der Alster erschien er nicht mehr.

Der Kaufmann verstand auch in der nächsten Woche Ovens Absicht nicht, doch als dieser deutlicher wurde, stand ihm der Mund offen.

So etwas sei im Kurfürstentum Hannover erlaubt, sagte Ovens, er habe nur ein ganz kleines Gehalt, die Provision stünde ihm zu, das stehe in seinem Vertrag. Außerdem, fügte er hinzu, wer eine solche Arbeit wie er habe und sich nicht noch zusätzlich für ein paar Jahre versorge, sei der größte Narr. Solch eine Gelegenheit komme in hundert Jahren nur einmal wieder.

Havemeister staunte, aus Hamburg war er diese Art des Handelns nicht gewöhnt, aber Hannover ist weit weg, dachte er. Er schrieb eine Rechnung über 28.378 Reichstaler. Ovens steckte zufrieden das Papier in die Tasche.

Zum Abschied meinte Ovens noch:

Sein König habe Geld und er habe Courage.

Keine schlechte Provision, überlegte der Kaufmann, 6000 Reichstaler sind gutes Geld für den Herrn Oberdeichinspektor.

Oberdeichgraf von der Beck, Gut Hohenblöcken:

Am 22. Mai 1720 habe ich in einem Schreiben an die Hohe Regierung in Hannover das erste Mal auf das Treiben des Jacob Ovens aufmerksam gemacht. Es ist unbestritten, dass sein Vorgänger schwere Fehler beim Bau des Deichs an der Bracke gemacht hat, aber Ovens war auch nicht besser. Gegen meinen Rat und den der anderen Oberdeichgrafen hat Ovens die Eindeichung der Bracke gleichzeitig von beiden Seiten begonnen, mit der Folge, dass der Durchlass für das Wasser immer enger wurde und jede Flut in ihrer verheerenden Wirkung dadurch noch verstärkt wurde. Er hätte in der Mitte der Bracke anfangen und dann zu beiden Seiten arbeiten müssen, dann hätte er zwei Durchgänge gehabt und sie bei gutem Wetter gemeinsam schließen müssen.

Am schlimmsten aber war für mich anzusehen, wie er die teuren Pfähle, die mühsam von Hamburg hierher gebracht worden waren, verschleuderte. Sie waren über 20 Meter lang und wurden nur sechs Meter tief in den Boden gerammt. Das ganze Bauwerk stand wie auf Stelzen und hatte keinen festen Halt im Untergrund. Zudem hat er es versäumt, die Stämme mit Querbalken zu verbinden. Er hätte sie drei oder vier Meter tiefer in die Erde schlagen sollen, aber mehr als zwei Pfähle pro Tag hat Ovens nicht in die Erde bekommen, obwohl er sieben Rammen und mehr als 1500 Männer einsetzen konnte.

Oft war er auch nicht an der Baustelle, sondern ist nach Hamburg gereist und hat sich dort um den Holzeinkauf gekümmert. Mir als Oberdeichgrafen hat er den Zugang zur Baustelle verwehrt, hat Anweisung gegeben, dass außer dem Geheimen Kammerrat von Ramdohr niemand die

Arbeiten stören solle, wie er es auszudrücken beliebte. Ich glaube, niemand sollte ihn bei seinen windigen Geschäften stören oder bei seinen „Studien", wie er es nannte. Er lief dann geschäftig umher und zeichnete, meistens verschwand er danach für längere Zeit in seinem Zelt. Seine Studienobjekte waren dort wahrscheinlich eher weiblicher Natur, habe ich mir sagen lassen, ein Mädchen aus Kehdingen soll schwanger sein von ihm.

Zu den Arbeitern und Tagelöhnern, die am Deich arbeiteten, war er so herrisch, despotisch und schnell mit seiner Peitsche dabei, dass die Leute sich duckten, wenn er nur in der Ferne auf seinem Pferd auftauchte. Ich weiß, wie man mit dem Gesinde umgeht, auf meinem Gut bin ich es gewohnt, den Leuten Anweisungen zu geben, aber sich so zu benehmen wie Ovens, ging zu weit.

Ich habe mich mit Kritik gegenüber Ovens sehr zurückgehalten, das stimmt, der Grund dafür war: Er hatte, für mich völlig unverständlich bei seinem Benehmen, die Unterstützung der Deputierten des Adels und der Hausleute aus Kehdingen, die mir in den Rücken gefallen sind. Sie haben ein paar Tage nach meinem Schreiben einen Beschluss gefasst, und haben all das abgestritten, wofür ich Beweise hatte. Natürlich hatten sie Zugang zur Baustelle, sie mussten dort ja schließlich auch arbeiten und von einem überharten Vorgehen gegen die Männer wüssten sie nichts. Bezeichnenderweise sind sie auf die fachlichen Mängel gar nicht eingegangen.

Ich habe den Geheimen Rat von Staffhorst um ein Gespräch gebeten, aber er hat mich an Albrecht Ramdohr verwiesen. Da hätte ich gleich meine Beschwerden über Ovens diesem selbst mitteilen können. Das wusste doch ganz Stade, dass die beiden unter einer Decke steckten.

Wenn der Sohn des Ramdohr nicht in Hannover am Hofe beschäftigt gewesen wäre, hätte es Ovens nie geschafft, sich als Oberdeichinspektor zu etablieren.

Mir wurde berichtet, dass Ovens wöchentliche Mitteilungen an den Kurfürstlichen Geheimen Rat in Hannover immer toller und seine Geldforderungen immer höher wurden.

Ich habe aufgegeben und mich auf mein Gut nach Hohenblöcken zurückgezogen, als schließlich ein Brief aus London eintraf, in dem der Hof darauf bestand, Ovens nicht zu sehr zu bedrängen.

Landrat von der Decken, Kehdingen:

Misstrauisch wurde ich, als Ovens begann, die Bestellungen von Holz und anderen Materialien selbst zu organisieren. Er wurde im Februar 1720 nach Hannover einbestellt, und ich hatte ihm angeboten mitzukommen. Aber er lehnte ab, er meinte, der Ruf der Kehdinger sei in Hannover schon arg ramponiert, der vielen Querelen wegen. Ein Vertreter von hier könnte eventuell für Missstimmung sorgen.

Seine Mission in Hannover war erfolgreich, er bekam die nötigen Mittel und sagte zu, dass alle Arbeiten, auch die Eindeichung der Bracke, bis Juni fertig sein würden. Als die Regierung verlangte, einen Kontrolleur zu bestellen, der die Ausgaben überwachen sollte, hatte Ovens geantwortet, das sei schon längst so eingerichtet, er habe eine vertrauenswürdige Person, die jeden von ihm getätigten Kauf kontrollieren würde. Hier habe ich das erste Mal den Kopf geschüttelt: Ovens hatte seinen eigenen Kontrolleur eingestellt, der auch noch aus der Kasse, die er kontrollieren sollte, bezahlt wurde. Aber zu dieser Zeit waren kleinliche Einwände nicht gefragt, der Hof in London und Hannover wollte Taten sehen und einen gestopften Deich. So begann Ovens im April 1720 mit der Eindeichung der Bracke, aber schon im Juni ging das Geld zur Neige. Hannover drängte die Kehdinger zu weiteren Schuldverschreibungen, aber Kehdingen konnte und wollte nicht. Die angrenzenden Ortschaften waren ebenfalls nicht in der Lage, weitere Obligationen zu zeichnen.

Ich bin kein Deichbauer, aber ich habe, wie viele andere, das Unglück kommen sehen. Ovens hat die Eindeichung der Bracke von beiden Seiten gleichzeitig begonnen, so wurde der Durchlass für das Flutwasser immer enger, der

Strom dadurch immer reißender. Als im Juli eine Sturmflut auflief, die so hoch und stürmisch war, wie sie noch kein Kehdinger im Sommer je erlebt hatte, war die ganze Pracht dahin. Die mit großer Mühe eingebrachte Erde und die schönen Stämme wurden herausgerissen, weggespült und mit der nächsten Ebbe in die Elbe getragen. In Dithmarschen hat man die Bäume wieder eingesammelt. Jede Mühe schien umsonst, Gott schien es nicht zu dulden, dass der Deich gestopft werden sollte. Das war das zweite oder dritte Mal, dass eine fast fertige Arbeit weggespült wurde von den Kräften des Wassers.

Ovens reiste nach Hamburg, kaufte erneut mehrere Schiffsladungen Holz und begann mit großem Ehrgeiz von Neuem. Im September war der Deich wieder geschlossen, aber im November riss die nächste Flut den Erddamm weg, im Dezember wurde das Holz weggeschwemmt.

1720 war die Situation genauso wie 1717 nach der ersten Flut: Kehdingen schien verloren.

Ovens hat gut verdient in seiner Zeit als Oberdeichinspektor, trotzdem schien ihm das nicht genug zu sein. Das Ergebnis der Untersuchung seiner Rechnungslegung überrascht mich nicht, und die Konsequenzen gegen ihn müssen hart und nachdrücklich sein. Dass ein Regierungsmitglied mit ihm gemeinsame Sache gemacht hat, ist so ungeheuerlich, dass man es kaum glauben mag. Der Geheime Kammerrat Ramdohr, den ich sehr geschätzt habe und dessen Söhne, der eine hier in Stade in der Garnison und der andere in der Geheimen Kammer in Hannover, haben sich von diesem Hasardeur ins Unglück ziehen lassen. Wenn es stimmt, was mir zugetragen wurde, dann hat der eine Sohn zur Hochzeit ein Haus in Stade in der Bungenstraße bezogen, das der alte Ramdohr ihm gekauft haben soll, das aber wohl so teuer gewesen war, dass Ramdohr das unmöglich aus eigenem Vermögen bezahlt haben kann. Und die Mitgift der Braut kann auch nicht hoch gewesen sein. Sie ist eine biedere Handwerkstochter. Wo hatte Ramdohr das viele Geld her, kann man sich da fragen. Die Antwort muss ich dem Gericht überlassen.

Was man Ovens sicher nicht vorwerfen kann, ist, dass im ganzen Jahr 1721 zur Sicherung der Deiche hier in Wischhafen so gut wie nichts geschehen ist. Die Streitereien und der Zank zwischen den einzelnen Ortschaften und die, ich muss es leider so nennen, unrealistischen Vorstellungen der Geheimen Kammer in Hannover, wo das Geld herkommen sollte, führten dazu, dass fast jegliche Bautätigkeit unterblieb. So waren die vier binnendeichs gelegenen Adelshöfe einfach untergegangen, die Häuser und Ställe in der jetzt fast 20 Meter tiefen Bracke verschwunden. Wer sich hatte retten können, wohnte entweder bei Freunden oder war so verarmt, dass er sich als Tagelöhner beim Deichbau verdingen musste. Augustin von Lixfeld war ein solcher Betroffener, er war eigentlich Deichpflichtiger, aber von seinem ehemals stattlichen Gut war nichts übrig geblieben. Dazu hat er noch seine Frau und die drei Söhne verloren. Wie soll so ein armer Mann Geld aufbringen, um die Deichreparatur zu bezahlen? Die Regierung hat ihm mit dem Spaten-Stechen gedroht, da fing von Lixfeld wie verrückt an zu lachen. Wo bitte der Spaten eingestochen werden solle, hat er gefragt, es gebe keinen Hof und keinen Deich, die Hohen Herren könnten es ja gern auf der Wasserfläche versuchen, er würde sich bereit erklären, mit dem Boot zu der Stelle zu fahren, wo der Deich einmal gewesen sei. Ob sie auch die Stelle besuchen sollten, wo sein Hof gestanden habe? Dann fing der arme Mann an zu weinen.

Welche Betrügereien der Ovens genau gemacht hat, weiß ich nicht, ich habe ja keinen Einblick gehabt, aber sein Kassierer, der junge Leutnant Engel und sein Techniker von Steinfeld sollte man dazu peinlich befragen.

*

Die Welt sei voller Gefahren, wurde Ovens von Ramdohr gewarnt, da sei es wichtig, dass man füreinander einstünde. Ovens hört Ramdohr kaum zu. Das Abendessen, zu dem er vom Geheimen Kammerrat genötigt worden war, zog sich wie immer in die Länge. Ovens wünschte sich nach Hause, er hatte ein stattliches Haus für viel Geld an einer vornehmen Straße gemietet, deren Pflastersteine aber so nachlässig verlegt worden waren, dass eine Kutsche wie ein Kahn im Sturm hin- und hergeworfen wurde.

Ramdohrs Frau war dem Essen ferngeblieben. Sie fühle sich unwohl, hatte sie mitteilen lassen, zu ihrem größten Bedauern könne sie dem hoch verehrten Gast nicht persönlich einen guten Appetit wünschen.

Ovens wurde vorsichtiger, wenn die Frau die Gespräche zwischen ihm und dem Geheimen Kammerrat mit anhörte. Sie verachtete ihn, aber die Abneigung war gegenseitiger Natur.

Ramdohr beugte sich über den Tisch:

Man dürfe sich nicht seine Gönner zu seinen Feinden machen, raunte er. In Hannover seien einige Herren nicht mehr so gut auf ihn, Ovens, zu sprechen. Er wisse, er habe manches Mal eine, wie solle er das ausdrücken, na ja, direkte Art.

Ovens nickte und verstand nicht, worauf der Alte hinauswollte. Er nippte an seinem Wein. Ein saurer Tropfen, der besser als Essig im Salat gelandet wäre, dachte er.

Plötzlich, vielleicht war es die Wirkung des Alkohols, wusste er, worauf Ramdohr abzielte. Ovens beschloss, sein Gegenüber noch etwas zappeln zu lassen und warf wie beiläufig ein, das Essen sei ganz ausgezeichnet gewesen, wenn er zum Abschluss noch etwas dem Tabak frönen dürfte, sei er rundum zufrieden. Ramdohr sprang geschäftig auf, suchte die Utensilien zusammen und hoffte auf einen gut gelaunten Gesprächspartner.

Man könne ja das eine oder andere Geschäft zusammen machen, schlug Ovens vor. Ramdohr hüpfte vor Freude vom Stuhl.

Wenn er weiterhin so fest zu ihm stehe, werde es sein Schaden sicher nicht sein. Ob es ihm gelegen komme, wenn die Deichkasse ihm einen kleinen Kredit gewähre?

Ramdohr strahlte.

Nun ja, erwiderte er, auf keinen Fall sei es seine Art, den König zu schädigen, er wolle ganz sicher das geliehene Geld mit Zins und Zinseszins zurückerstatten.

Sicher, sagte Ovens.

Hein Feldmann, Arbeiter aus Lippe:

Wenn ich Ovens treffen würde, wüsste ich nicht, was passieren würde. Ich bin nach Kehdingen gekommen, weil uns von den Werbern hohe Löhne versprochen worden sind. Tatsächlich aber hat der Oberdeichinspektor die Löhne nur zur Hälfte ausbezahlt und, so meine ich, den Rest selbst eingesteckt. Wenn er in seiner feinen Aufmachung den Deich entlangspaziert ist, mit feinem, gedrehten Stock und glänzenden Stiefeln, und große Reden geschwungen hat, wusste man schon, woher der Wind weht. Solchen Menschen kann man nicht trauen. Vorn machen sie einen auf vornehm, aber wenn man sich umdreht …

Ich habe mir das nicht bieten lassen und habe die anderen Arbeiter zum Lawai aufgefordert. Was dann geschehen ist, kann man aus meinem Gesicht lesen. Die Narbe über meiner Stirn ist immer noch dick und geschwollen. Dazu einen ganzen Tag Halskrause in glühender Hitze. Sie schnürt den Hals so zu, dass man nicht schlucken kann, und wenn man sich bewegt, droht man zu ersticken, weil die Eisennägel einem den Hals abdrehen.

Ich bin gegangen, obwohl mir gedroht wurde, dass ich mehrere Tage an den Pranger müsste, wenn ich die Baustelle ohne Erlaubnis verlassen würde.

Ovens hatte nach dem Vorfall Angst, er traute sich nur noch in Begleitung von zwei, drei anderen auf die Baustelle. Einmal brannte sein Zelt, und ein andermal hinkte sein Pferd, ein drittes Mal flog ein Beil nur Zentimeter an seinem Kopf vorbei.

Natürlich weiß ich nicht, wer es gewesen ist, ich war ja nicht mehr dabei. Aber selbst wenn ich es wüsste, ich würde jede Folter ertragen und die Namen nicht preisgeben.

*

Während des ganzen Sommers trieb Ovens die Arbeiten voran, wurde immer gefürchteter bei seinen Untergebenen.

Man solle den Kerl im Klei liegen lassen, hatte er über den Deich gebrüllt, als Männer einem Arbeiter, der in der Hitze vor Durst und Erschöpfung zusammengebrochen war, zu Hilfe eilen wollten. Der sei so gut wie ein Sack Sand.

Ovens verbat sich jeden Ratschlag. Der eine wollte die Pfähle mit Ketten, der andere mit Zangen verbinden. Beschwerden über sein grobes Regiment wischte Ovens beiseite, überzeugte die schärfsten Kritiker durch großzügige Zahlungen aus der Deichkasse, erhöhte für sich selbst die Provisionen und ließ Proteste der Arbeiter über offenstehende Zahlungen der Löhne von den Garnisonssoldaten unter dem jungen Leutnant Ramdohr ersticken.

Ende September 1720 war der Deich vor der Bracke geschlossen und Ovens genoss sein Werk. Der Geheime Kammerrat Ramdohr, der als Einziger noch den Zugang zur Bracke gestattet bekam, meldete euphorisch nach Hannover, dass man auf den richtigen Mann gesetzt habe und dass er, der Geheime Kammerrat, recht behalten habe gegen das andere Mitglied der Stader Regierung, den Geheimen Rat von Staffhorst, der immer nur Misstrauen und Intrigen gesät habe.

Nur fünf Wochen später riss die erste Herbstflut den noch unbedeckten Erdwall fort. Ovens trommelte alle Arbeiter erneut zusammen und ließ gebundenes Roggenstroh auf den wieder aufgebrachten Klei legen, versuchte mit allen Mitteln, ein zweites Wegspülen der Erde zu verhindern.

Den Geldbedarf für das folgende Jahr 1721 bezifferte Ovens auf 25.000 Reichstaler. Er sandte das Schreiben nur wenige Tage nach der Silvester-Flut, die die Pfähle wie dünne Latten knicken ließ und den mühsam aufgeworfenen Erdwall wegspülte, die Faschinen und Senkkisten aus der Tiefe holte. Ovens schien gescheitert. Er grübelte über Lösungen und verfiel nach der kühlen Antwort aus Hannover, wo man scheinbar langsam die Geduld mit ihm zu verlieren begann, auf einen kühnen Gedanken.

Eine Lotterie, schlug er Ramdohr vor, aus zwanzig Klassen bestehend, im gesamten Herzogtum Bremen mit 10.000 Losen, das Los zu 2/3 Reichstaler, sei in der Lage in Jahresfrist die benötigte Summe beizubringen.

Ramdohr war begeistert, er versuchte von Staffhorst, den ewigen Zweifler, von der Idee zu überzeugen. Im Februar ging in Hannover ein Schreiben der Stader Regierung ein, in dem sie „Ihre bereitwilligsten Dienste den Hochwohlgeborenen, insbesondere Hochgeehrten Herren, Euren Excellenzen" anboten. Es sei sicher schon der Plan bekannt, schrieben sie, im Herzogtum Bremen und den darin befindlichen Marsch-Distrikten eine Deich-Kasse zu errichten und den Oberdeichinspektor Ovens mit der Durchführung der Lotterie zu betrauen.

Man bestätigte den Eingang des Schreibens in Hannover, gab keine richtige Antwort auf die Frage der Genehmigung und wartete, ob der Vorschlag aus Stade im Sande verlaufen oder von der nächsten Flut weggespült werden würde.

Der junge Ramdohr, der dort als Kammersekretär arbeitete, warnte seinen Vater vor der Entrüstung des Hofes über die erfolglosen Arbeiten in Kehdingen und die möglichen Konsequenzen.

Ovens wischte die Einwände beiseite: Das seien alles unfähige Ignoranten, denen werde er zu gegebener Zeit das Maul stopfen. Was könne er für diese unnatürliche Abfolge der Sturmfluten, selbst im schönsten Sommer, als ob sich die Natur gegen ihn verschworen habe.

Ovens verbrachte immer mehr Zeit in seinem Haus in Stade. Er hatte eine junge Witwe geheiratet, kinderlos, deren schöne Mitgift ihn überzeugt hatte. Sie war sofort mit seinem Antrag einverstanden gewesen, ihre Chancen auf dem Heiratsmarkt waren durch ihr fortgeschrittenes Alter, sie war 31, sehr gering. Außerdem gefiel ihr der Oberdeichinspektor, sein Verdienst war rentabel, er war gut aussehend und dazu einfallsreicher als ihr verstorbener Mann, der immer nach ein paar schwachen Stößen ermattet von ihr gerutscht war.

Ovens stellte zwei Knechte und eine neue Magd ein, die alte, die ihn vorher bedient hatte, war von seiner Frau sogleich entlassen worden. Ovens hatte beim Fassbinder einen neuen großen Zuber gekauft, in dem zwei Menschen bequem sitzen konnten. Zweimal in der Woche musste der Fuhrknecht den Waschzuber voll mit heißem Wasser füllen.

Ovens Frau säuberte ihm immer erst den Rücken und stieg dann zu ihm in das Wasser.

Ob er jetzt den Herrn spielen wolle, fragte die Magd irritiert. Der Fuhrknecht war einmal, nachdem Ovens zu Bett gegangen war, in die Brühe gestiegen anstatt sie im Hof auszuschütten.

Ihn habe schon immer interessiert, warum der Ovens so gern in das Wasser steige. Halb Stade spotte über seine Waschsucht.

Und?

Es fühle sich etwas nass an, scherzte er, aber das könne man aushalten.

Ob er nicht denke, dass jemand herunterkäme?

Sie solle die Ohren aufsperren, dann würde sie hören, was die Herrschaften gerade trieben. Und danach schliefen sie immer wie ein Stein.

Die Magd hatte noch nie in ihrem Leben gebadet.

Ob ihm zum Herr-Sein nicht etwas fehle, fragte sie zaghaft.

Der Knecht verstand sofort:

Er bitte sie, äffte er Ovens nach, die außerordentliche Güte zu haben und ihm den Rücken einzuseifen.

Und weiter?

Wenn sie dann im Zuber die Wärme des Wassers persönlich nachprüfen wolle, habe er auch nichts einzuwenden.

Die Magd machte große Augen, zog sich gern aus und setzte sich dazu.

Die Arbeiten an der Bracke ruhten den ganzen Sommer, die Genehmigung zur Lotterie blieb aus und die Höfe stellten niemand zu Arbeiten ab. Die Bracke wurde bei jeder Flut und Ebbe noch tiefer, sogar im Sommer trieben die Pfähle im Wasser hin und her und rissen immer neue Löcher in die verbliebenen Befestigungen.

Geheimer Kammerrat Albrecht Andreas Ramdohr:

Auf das Allerschärfste weise ich auch im Namen meiner Söhne jegliche Verwicklung in die eventuellen Unregelmäßigkeiten bei der Rechnungsführung des Oberdeichinspektors Jacob Ovens zurück. Seit seiner Ernennung war ich zusammen mit dem Geheimen Rat Johann Friedrich von Staffhorst als Mitglied der Stader Regierung für den Erfolg der Maßnahmen verantwortlich und ich habe immer alles mit meinem Kollegen, dem Geheimen Rat, abgesprochen.

Ich bin auch noch nicht davon überzeugt, dass es die vorgeworfenen Unregelmäßigkeiten tatsächlich gegeben hat. Die Menschen sind entmutigt, weil jeder kleine Erfolg von der nächsten Sturmflut weggespült wird und suchen deshalb einen Schuldigen. Das ist mal Ovens oder bin auch ich. Man hat dem Ovens übelgenommen, dass er sich durchzusetzen wusste. Er hatte immer das letzte Wort beim Deichbau, das musste auch so sein. Per ordre de Mufti muss man da regieren, anders geht es nicht.

Wie vertrauensvoll ich mit dem Geheimen Rat von Staffhorst zusammengearbeitet habe, sieht man an unserem gemeinsamen Schreiben an die Geheime Kammer in Hannover, als Ovens im Februar 1721 den Vorschlag einer Lotterie unterbreitet hatte. Ovens hat sich große Sorgen über die Finanzen gemacht, und eine Lotterie hätte sicher zu einer Entspannung der Lage geführt.

Von Staffhorst und ich haben diesen Vorschlag zur Genehmigung nach Hannover weitergeleitet, wir selbst konnten ja nicht über die Einrichtung einer Lotterie im ganzen Kurfürstentum entscheiden. Sie kennen diese Idee nicht? Das ist nicht verwunderlich, aus Hannover kam noch nicht mal ein ablehnender Bescheid. Es wurde vorgezogen, gar nicht zu antworten und lieber mit militärischer Exekution zu drohen. Wir sollten so die säumigen Zahlungen eintreiben. Ich kann Ihnen den Brief gern vorlegen, eine Kopie befindet sich in meinen Akten.

Mir und meinen Söhnen jetzt Unregelmäßigkeiten vorzuwerfen, ist ein starkes Stück. Mein jüngerer Sohn ist Leutnant hier in der Garnison in Stade. Wenn das Militär nicht manchmal ausgerückt wäre, um die aufkeimenden Unruhen beim Deichbau zu beenden, wer weiß, wo das geendet hätte. Sie wissen, dass auch hier in Kehdingen die fremden Arbeiter, die teilweise von weither kamen, um hier gutes Geld zu verdienen, die Einheimischen aufgewiegelt haben, weil sie der Meinung waren, der Lohn sei nicht hoch genug. Sie haben das unter Ovens nur einmal versucht. Er hat sofort mit militärischen Mitteln den beginnenden Lawai unterdrückt. Sie wissen nicht, was ein Lawai ist? Gott sei Dank ist das hier auch, wie ich schon sagte, nur einmal vorgekommen. Es war ein Rädelsführer, ich glaube ein Lippscher, der ist am Deich entlanggelaufen und hat Lawai geschrien und diese Lawaifahnen gesteckt. Die Aufwiegler haben behauptet, Ovens habe ihnen nur die Hälfte des Lohnes ausbezahlt, aber das stimmte natürlich nicht. Ovens hat immer korrekt gearbeitet. Sofort haben die meisten Männer den Spaten hingelegt, sind zu den Marketenderinnen oder in ihre Zelte und Hütten gegangen und haben gehofft, dass diese Arbeitsniederlegung zu höheren Löhnen führen würde. Aber Ovens hat sich das nicht bieten lassen. Er hat den Rädelsführer gestellt, ist ihm mit der Peitsche so durch das Gesicht gefahren, dass der Kerl vor Blut nichts mehr sehen konnte und hat ihn dann in die Halskrause gesteckt. Als das Militär anrückte, haben die Männer ohne Murren weitergearbeitet. Der Spuk war damit vorbei. Wo kämen wir denn hin, wenn solche Sitten einreißen würden.

Das Haus für meinen Sohn habe ich auf Kredit gekauft, das ist richtig. Mein Vermögen ist zwar nicht unbedeutend, aber dieser Betrag hätte meine Möglichkeiten überstiegen. Ich denke, es ist hier nicht erheblich, wer mir das Geld zur Verfügung gestellt hat, es ist nicht üblich, über Vermögensangelegenheiten öffentlich zu spekulieren. Es war ein guter Bekannter, ein Freund aus alten Tagen, der mir behilflich sein wollte, diese gute Gelegenheit für das junge Brautpaar nicht ungenutzt verstreichen zu lassen.
Sie müssen mich nicht belehren, dass ich hier die Wahrheit sagen muss, ich bin selbst Jurist und kenne die Regeln des Verfahrens genau.

*

Woher der feiste Kerl nur das ganze Essen hernehme, hatte Ovens den jungen Engel gefragt, nachdem der Pfarrer von Hamelwörden sein Zelt verlassen hatte.

Er bitte untertänigst um größere Milde bei der Behandlung der Männer, hatte der Geistliche gebeten, sie hätten zuweilen einen weiten Weg zurückzulegen, bis sie hier zur Arbeit erscheinen könnten. Sie kämen teilweise aus Osten hergelaufen oder aus Burweg. Das seien Märsche von drei oder vier Stunden und abends müssten sie wieder zurück, sie hätten schließlich noch ihre Äcker zu bewirtschaften, das Vieh zu versorgen.

Und ihre Frauen, unterbrach ihn Ovens, und lachte derb. Das würde ihn alles nicht interessieren, hier auf dem Deichbau seien die meisten sowieso nur polnische und andere Betteljuden, Bärenzieher und solch ein Pack. Die wollten die Peitsche spüren, sonst würden sie sich nicht wohlfühlen. Alles Gesindel und Herumtreiber, elendes Gezücht. Abschaum. Und jetzt hätte er keine Zeit mehr, er danke für den Besuch.

Ovens sah dem Pfarrer hinterher. Den Gedanken, der ihm durch den Kopf ging, wollte er zuerst nicht zulassen, aber mit der Zeit freundete er sich immer mehr mit ihm an. Er schickte Engel hinaus, nahm Papier und Feder und schrieb mit kratzendem Geräusch an die Geheime Kammer in Hannover: Er bedauere außerordentlich den schleppenden Fortgang der Arbeiten, die mangelnde Bereitschaft der Kehdinger, Obligationen zu zeichnen und die Arbeiten durch Hand- und Spanndienste zu unterstützen. Zu oft habe er mit Strafe und militärischer Exekution drohen müssen, diese Mittel seien mittlerweile ausgereizt, dazu komme noch die Aufmüpfigkeit der auswärtigen Arbeiter. Das ganze Gesindel, von dem die anderen Könige und Herzöge froh seien, dass sie sie los seien, versammele sich hier und wiegele auf. Kurz: Man müsse das Problem an der Wurzel packen. Sein Vorschlag sei: Er wolle den gesamten Deichbau auf eigene Kosten innerhalb eines Jahres bewerkstelligen. Er könne garantieren, das Werk so herzustellen, dass in den nächsten hundert Jahren keine Sturmflut die Möglichkeit habe, den Schutzwall niederzureißen. Er verzichte auf das ihm zustehende Gehalt von 1000 Reichstalern, das ihm während der jetzigen Bauarbeiten gezahlt worden sei. Er verlange aber, in aller Bescheidenheit, das Kirchspiel Hamelwörden, mit allen Dörfern, Einwohnern und dem gesamten Vieh lastenfrei zu seinem persönlichen Eigentum.

Ovens setzte zufrieden seine Unterschrift unter den Brief und notierte noch das Datum: Hamelwörden, den 30. Dezember 1721.

Predigt des Johann Peter Jansen, Pfarrer zu Hamelwörden:

Liebe Gemeinde!

Es ist Schreckliches über uns gekommen und Weinen und Wehklagen ist überall. Keine Familie in unserem Kirchspiel ist ohne Verluste. Alle haben Schreckliches erlebt, Kinder und Väter, Mütter und Alte verloren. Das Vieh ist verreckt, die Häuser zerstört und auch die Knechte und Mägde sind in den Wasserfluten umgekommen.

Dies ist ein göttliches Strafgericht, denn ohne Grund lässt Gott, der Herr, seinen Zorn nicht über uns kommen.

Es gab und gibt immer noch gute Gründe für den Herrn, die Sünden und Missetaten der Menschen durch die schrecklichen Wasserfluten zu strafen, die uns scheinbar jede Hoffnung auf eine Erlösung nehmen.

Die großen Sünden sind die Geringschätzung und die Verachtung des göttlichen Wortes, Euer Übermut, der Stolz und die Eitelkeit, die Völlerei und Trunkenheit, wie Ihr sie auf den Hochzeiten, Begräbnissen und Kindstaufen selbst erlebt und ausübt, der Ehebruch und die Hurerei, das Fluchen, Lügen und Betrügen und der Hass und der Neid.

Und dann die Entheiligung des Sonntags! Gott hat die erste große Sturmflut nicht durch Zufall am Heiligen Abend über uns kommen lassen. Nichts wird schlimmer entheiligt als der Abend vor dem Heiligen Fest – durch übermäßiges Fressen und Saufen, das nichts mehr mit der Frömmigkeit unserer Ahnen zu tun hat.

Nur ein paar Tage vor der schrecklichen Flut aber hat der Mensch hier in Kehdingen so gefrevelt, dass unser Herr voller Zorn das Wasser über uns geschickt hat: Ein Opfer ist dem Fluss dargebracht worden. Eine tote Katze wurde dem Fluss geopfert. „Nimm!", hat der Mensch den aufgewühlten Wassern entgegen geschrien und das erbärmliche Tier in den braunen Strom geworfen. Mit solchen heidnischen, gottlosen Bräuchen hat der Mensch den Zorn Gottes heraufbeschworen, der eine Flut geschickt hat, die uns für alle unsere Sünden bestrafen sollte. Und wenn der Mensch, wenn Ihr Euch nicht bekehrt und Eure Sünden bereut, wird es wieder und wieder und wieder zu immer neuen Strafgerichten kommen bis zum Tag der Apokalypse.

Gott hat uns schwere Prüfungen auferlegt, wir wollen sie bestehen im kindlichen Vertrauen in seine unermessliche Weisheit und Güte und in der Hoffnung auf Erlösung.

Der Frevel und die Gottlosigkeit hatten jetzt einen neuen Höhepunkt gefunden in dem Vorschlag des Oberdeichinspektors Jacob Ovens, der nach dem Scheitern seiner Pläne der Geheimen Kammer in Hannover und unserem geliebten Kurfürsten und König von England vorgeschlagen hat, er wolle den Deichbruch an der Bracke selbst auf eigene Kosten reparieren, wenn man ihm das gesamte Kirchspiel Hamelwörden als persönliches Eigentum übertrage.

Ein Mensch, der sich zu solcher Hybris versteigt, zerstört unsere Hoffnung, frevelt Gott und muss bestraft werden.

Lasset uns beten und denkt immer daran, wie es heißt im Vaterunser: Und führe uns nicht in Versuchung!

Vater unser, der du bist im Himmel …

Landdrost von Spörcken, Harburg:

In Harburg war man schon vor vielen Jahren auf Jacob Ovens aufmerksam geworden. Er hatte sehr verständige Pläne zur Erweiterung der Stadt gezeichnet und vorgetragen. Wir waren sehr angetan. Nur sein damals schon unverschämtes Betragen hatte verhindert, dass er auch an der Ausführung beteiligt sein konnte.

Was die Kehdinger der Kommission, in der ich zu sein die Ehre habe, vortrugen, deckt sich mit meinen Erfahrungen. Ich war damals schon in leitender Stellung und habe dem Hof in Hannover leider keine näheren Mitteilungen über die Umstände von Ovens' Ablehnung gemacht. Vielleicht hätte das seine Anstellung als Oberdeichinspektor verhindert.

Im Jahr 1721 bin ich schon einmal mit der Aufgabe betraut gewesen, die Wischhafener Deichsache zu untersuchen, der Geheime Kammerrat Ramdohr aber hatte meine Frage dahingehend beantwortet, dass alle Vorwürfe gegen den Ovens Blendwerk seien und von Ignoranten und Stümpern erhoben worden wären.

Um es kurz zu machen: ich bin kein Deichbauer, aber die unglaublichen Mengen an Material, die verbraucht worden sein sollen, haben auch mich den Kopf schütteln lassen.

Über 100.000 Pfähle seien verbaut worden, berichten die Kläger, 20.000 Bunde Faschinen, zahllose Sandsäcke und Erdkästen und dazu 100 Schiffe. 100 Schiffe! Das sind mehr, als gleichzeitig im Harburger und im Hamburger Hafen gemeinsam liegen können. Nun gut, ich kann mich hier nur wundern, die Bewertung muss ich den Fachleuten überlassen.

Aber dass Ovens despotisch sei, grob und ungerecht

gegenüber seinen Untergebenen, habe ich sofort geglaubt, nachdem ich ihn in den Vernehmungen erlebt habe. Ovens hat keine einzige Verfehlung zugegeben. Selbst als Zeugen auftraten, die ihn schwer belasteten, hat er noch die Unverschämtheit besessen, diese zu beschimpfen. Sie seien alle gekauft, hat er sie angebrüllt, es gebe eine große Verschwörung.

Wir konnten ihm, auch wenn er es nicht zugegeben hat, Folgendes nachweisen:

Ovens hat die Materialbücher gefälscht, um den Eingang des Materials höher anzusetzen.

Ein Materialbuch ist vollständig ein ganzes Jahr später angefertigt worden, in dieser Zeit wurden keinerlei Aufzeichnungen über Materialeinkäufe gemacht.

Seinem Techniker Steindecker und einigen weiteren Personen hat er, ohne dass diese dafür eine besondere Arbeit nachweisen konnten, ein monatliches Gehalt von jeweils 62 Reichstalern ausgezahlt.

An den Geheimen Kammerrat Ramdohr wurden mehrere als Kredite getarnte Zahlungen veranlasst.

Es fehlen alle Belege aus dem Jahr 1719. Die Aufzeichnungen über die geleisteten Arbeiten sind von Anfang an nicht richtig geführt.

Ovens hat mit diesem System den wahren Materialeinkauf verschleiert, ebenso die in Wirklichkeit geleistete Arbeit, und hat so die Summen der Gelder, die er zur Begleichung der Kosten anforderte, immer zu hoch angesetzt.

Ich will jetzt nicht weiter ins Detail gehen. Insgesamt haben wir Ovens 125 Fälle der Veruntreuung und des Betruges nachweisen können. Der Gesamtschaden beläuft sich auf über 41.000 Reichstaler.

Wie abschließend geurteilt werden wird, kann ich noch

nicht sagen, ich möchte nicht den Beratungen vorgreifen, aber es wird keine milde Strafe werden, dessen bin ich sicher. Das Wirtschaften in die eigene Tasche ist umso verwerflicher, wenn man die Not und das Elend der Menschen sieht, die von den Deichbrüchen betroffen sind. Manche haben alles verloren.

Meine Aufgabe als Kommissionsmitglied ist mit der Aufnahme des Tatbestandes beendet.

*

Die Meinungen der sogenannten Fachleute erkenne er nicht an, tobte Ovens. Jetzt würden alle, die am Deichbau herumkritisierten und sich nicht getraut hätten, selbst die Verantwortung zu übernehmen, wie die Ratten aus den Löchern kriechen, in denen sie sich sonst versteckt hätten. Es sei jammerschade, dass diese Löcher nicht bei den vielen Fluten abgesoffen seien. Die Pfähle seien nicht tief genug gesetzt! Die Sandsäcke zu klein! Und die Setzkästen zu groß! Und von den Schutzdämmen hätten sie noch nie etwas gehört! Feine Fachleute seien das, die da über ihn richten würden. Was die Herren Juristen wohl sagen würden, wenn solche Banausen jedes ihrer Urteile zerpflücke? Im Übrigen sei das eine große Verschwörung, angezettelt von den Oberdeichgrafen, die ihr eigenes Unvermögen kaschieren wollten. Jetzt würden sie alle Rache nehmen wollen dafür, dass sie nicht zum Zuge gekommen seien.

Ovens solle, so das Urteil, nach dem verhängten Hausarrest nun in das Gefängnis in Stade gebracht werden, verfügte die Kommission. Er könne schließlich keine Kaution stellen, die den Schaden auch nur annähernd ausgleiche.

Das Unrecht sei groß, schrieb Ovens an den König, das man ihm hier im Gefängnis antun würde. Er habe keinen freien Verkehr mit dem Verteidiger, das Schreibmaterial sei ihm verwehrt, er werde mit der Tortur und dem Galgen bedroht, wenn er nicht zu allem Ja sage. Die sogenannten Zeugen seien alle gekauft, außerdem duze man ihn in den Verhören und verspotte ihn wegen seiner niederen Herkunft. Er werde als Schelm und Betrüger verunglimpft. Die Verhöre dauerten fünf, sechs Stunden.

Wo er herkomme, wurde Ovens gefragt, was seine Eltern für Leute gewesen seien.
Das tue nichts zur Sache, antwortete er, das gehöre nicht auf diese Rechnung.
Ob er weiter so frech sein wolle?
Er sage gar nichts mehr.

Die Hand- und die Beinschellen zeigten bald Wirkung.

Flucht und Urteil

Wer geglaubt habe, Ovens lasse sich so leicht in einen Vogelkäfig sperren, sagte seine Frau bei der Vernehmung, der habe sich eben getäuscht. Sie habe höchstens ein wenig geholfen, das Gitter aufzumachen, weggeflogen sei er schon selbst. Sie könne jetzt nicht weiterreden, sie sei ein wenig betrunken.

Man merkte es nicht nur an ihrem Gang, auch ihr Atem gab darüber Zeugnis. Ovens' Frau war bei der Frau des Torwächters gefangen genommen worden, sie hatte mit ihr den halben Tag getrunken und Ovens' Flucht gefeiert, nachdem sie den Gefangenen abends besucht und die Nacht verbotenerweise mit ihm verbracht hatte. Bis zum frühen Morgen hatte sie mit Ovens, seinem Mitgefangenen Peter Daniel Küster und dem Wachhabenden gezecht. Als die Sonne aufging, war der Corporal Cammann so betrunken, dass er den Schlüssel des Gefängnisses zur Hauptwache brachte, ihn aber sogleich wieder mit zurücknahm.

Er solle ihr ruhig den Schlüssel geben, sagte Ovens' Frau zu Cammann, sie wolle gut darauf aufpassen, schließlich könne Küster ja sonst abhandenkommen.

Der Corporal schob das Bund mit den Schlüsseln über den Tisch und schlief sofort ein.

Er habe sich zwar einmal mit seiner Perücke den Arsch abgewischt, meinte Ovens zu Küster, aber jetzt sei ihm das verziehen. Jetzt solle er sich nicht so anstellen und mitkommen, nach Holstein, dort sei er schon mehrmals den Dänen entwischt, da würde ihn keiner finden, da kenne er sich aus.

Küster schüttelte den Kopf.

Ob er ihm wenigstens die Bauernkleider leihen könne? Ein paar Reichstaler seien sie ihm wert. Seine Frau würde sie am nächsten Tag ins Gefängnis bringen.

Sein Wort in Gottes Ohr.

Ovens schlüpfte schnell in die schmutzigen Kleider, rieb sich mit Dreck vom Boden das Gesicht ein und nahm den Knotenstock, der Küster gehörte.

Um neun käme Leutnant Ruperthan, meinte Küster, was er dann tun und sagen solle.

Ovens' Frau lachte und stopfte mit den abgelegten Kleidern die Pritsche aus, drapierte Schlafrock und Mütze so geschickt, dass man sie bei nachlässigem Hinsehen für einen Menschen unter der Decke halten konnte.

Moment, sagte Ovens, er wolle noch einen Abschiedsgruß an die Wand schreiben.

Er solle sich beeilen, es sei bald sieben, mahnte die Frau.

Ovens nickte und kritzelte mit einem Messer an die Wand:

Ach lebt ihr Pritschen
Lebt doch wohl
Mein Arsch an euch gedenken soll.

Ovens grüßte freundlich nach allen Seiten, als er durch das unbewachte Hohe Tor in Stade der Freiheit entgegenspazierte.

Ovens' Frau blieb bis zur Wachablösung. Um neun Uhr flüsterte sie, sie wolle den verehrten Leutnant Ruperthan ersuchen, den Gefangenen nicht in der Ruhe zu stören, er habe eine sehr unruhige Nacht gehabt, sei jetzt aber endlich in einen sanften Schlaf gefallen.

Das sehe man, er bewege sich ja überhaupt nicht.

Ob er ein Glas Branntwein haben wolle?

Torwächter Müller:

Seit sieben Jahren bin ich Pförtner hier am Hohen Tor und habe mir noch nie etwas zuschulden kommen lassen. Im Gegenteil, ich habe die Gefangenen oft auf eigene Rechnung bewirtet. Den Küster nun schon zwei Jahre. 85 Reichstaler habe ich Außenstände, ich bin kein reicher Mann, wer bezahlt mir das alles?

Meine Frau ist in Stade geboren, ich stamme aus Köln. Wenn man uns jetzt mit den drei kleinen Kindern aus der Stadt hinauswirft, wissen wir nicht, wohin. Es ist sicher so gewesen, dass mir Ovens' Frau etwas in das Bier getan hat, das sie mir an diesem Morgen gebracht hat. Ich war sehr erstaunt, dass sie so plötzlich zu Besuch kam. Meine Frau kennt sie aus Kindertagen. Und dass sie etwas mitgebracht hat, hat uns beide sehr verwundert, wo sie doch sonst so geizig ist, dass man denken könnte, ihre Taschen seien zugenäht. Ich habe also mit ihr und meiner Frau Bier getrunken, vielleicht auch ein oder zwei Gläser Branntwein, mehr aber auf gar keinen Fall. Dann weiß ich nicht mehr, was genau passiert ist. Ich bin dann wohl nach Campe gegangen, aber warum, weiß ich nicht. Natürlich hätte ich Ovens sofort erkannt, ich habe ihn ja fast jeden Tag gesehen.

Ich kann nicht nach Köln zurück, obwohl ich da eine kleine Erbschaft erwarten kann. Ich bin vor ein paar Jahren lutherisch geworden und zu den Katholiken kann ich nicht zurück, die sind doch alle falsch.

Dass ich jetzt schuld sein soll, dass Ovens verschwunden ist, kann ich nicht verstehen. Früher war ich Schulmeister, wäre ich das bloß geblieben!

Meine Frau ist kurz vor der Niederkunft, ich flehe Sie

an, lassen Sie uns in der Stadt bleiben, wir haben nur noch wenig Erspartes.

*

Ovens war bis Twielenfleth gelaufen, hatte sich immer im Feld aufgehalten und dort einen Schiffer getroffen, der ihn, an Lühesand vorbei über die Elbe setzte und unterhalb der Hetlinger Schanze an Land ließ.

Ovens hatte zwei Jahre zuvor an diesem Ufer die von einer Sturmflut weggeschwemmten Pfähle wieder einsammeln lassen, so kannte er den einen oder anderen Bauern und ließ sich von einem, gemächlich auf einem Karren sitzend, nach Schulau bringen. Wieder, wie nach seiner Flucht aus Garding oder nach seiner Bestallung als Oberdeichinspektor, lachte er über die Dummheit der Menschen und besonders der Stader, wo es möglich war, einem Gefangenen mit ein paar Gläsern Branntwein zur Freiheit zu verhelfen.

Wohin die Reise gehen solle, hatte der Fuhrmann gefragt, als Ovens in dem Dorf um eine Mitfahrt nachfragte.

Nach Kiel, er habe wichtige Briefe zu übergeben.

Der Mann auf dem Kutschbock musterte seinen Fahrgast von oben bis unten.

Er sehe aus wie ein armer Wicht, ob er die lange Reise auch bezahlen könne?

Ob drei Reichstaler als Anzahlung genügen würden?

In Bramstedt ließ er vor einem Wirtshaus anhalten.

Er wolle sich stärken und außerdem noch ein neues Wams und eine neue Hose kaufen, er müsse zur Hochfürstlich Holsteinischen Regierung in Kiel. So könne er nicht vor die herrschaftlichen Leute treten. Ob der Kutscher einen guten Schneider kenne?

Nein.

Ovens trank zwei Bier und aß sich satt, bevor er eine neue Hose, einen Schoßrock und eine lange Weste kaufte. Der Perückenmacher hatte eine Allongeperücke, die Ovens gefiel, er wolle keine weißen mehr, sie machten ihn alt. Jetzt waren braune Perücken in Mode, sie standen ihm gut, fand er, als er sich im Spiegel ansah.

Wo der beste Hutmacher der Stadt sei, fragte Ovens. Außerdem brauche er noch Schuhe. Mit hübschen Schnallen, die gefielen ihm am besten.

Da habe er Glück, erwiderte der Perückenmacher, sein Schwager, der genau gegenüber wohne, habe die feinsten Hüte. Ob ein Dreispitz genehm sei?

Hmm.

Ob er den Hutmacher Sörensen holen solle?

Er solle sich beeilen, sagte Ovens, er wolle nicht den ganzen Tag in diesem elenden Nest verbringen. Außerdem solle er einen Schuhmacher mitbringen, das sei sicher nicht zu seinem Nachteil. Und wie der heiße, sei ihm egal.

Der Kutscher erkannte ihn kaum wieder und war nun viel höflicher.

Ob er dem Herrn den Sitz noch polstern solle, fragte er, damit die schönen neuen Kleider nicht sofort wieder schmutzig würden.

In Neumünster wolle er übernachten, sagte Ovens gegen Abend, wenn er wolle, könne er ihn bis Kiel fahren, aber er könne auch wieder nach Schulau umkehren, es würde sich sicher eine Gelegenheit finden, weiterzukommen.

Der Kutscher war froh, die Reise nach Kiel war ihm zu lang.

Er danke, sagte er, er wolle sogleich umkehren.

Da sei noch etwas, meinte Ovens verschwörerisch und beugte sich zum Ohr des Kutschers.

Er sei in einem geheimen Auftrag unterwegs, der Kutscher dürfe niemand, nicht einmal unter Androhung schlimmster Folter sagen, dass er ihn gefahren habe und wohin. Die Dänen würden ihn, den Kutscher, auf das Rad flechten, sollten sie von der heimlichen Reise erfahren. Er verdopple deshalb das Fahrgeld. Ob er das verstanden habe?

Ja, ja.

Der Mann bekam es mit der Angst, nahm das Geld und fuhr, ohne sich umzudrehen, davon.

Kammerschreiber Peter Hinrich Halde:

Ich habe schon mehrere Entlaufene wieder eingefangen. Ich habe damit große Erfahrung, deshalb bin ich auch von der Regierung in Stade sofort mit dieser verantwortungsvollen Aufgabe betraut worden.

Ich habe mir gleich gedacht, dass der Kerl ins Holsteinische gegangen ist, da kommt der Lump schließlich her. Seine Frau hat gestanden, ihm noch viele Reichstaler zugesteckt zu haben. Sie hat zwar behauptet, die Gelegenheit sei so günstig gewesen, da habe sie sich von ihm überrumpeln lassen, ich glaube aber, sie hat das lange vorbereitet. Der eine Wächter war zum Beispiel oft beim Geheimen Kammerrat Ramdohr zu Gast, da gibt es also Verbindungen. Wie man weiß, steckt Ramdohr ja auch bis zum Hals im Dreck, um es mal so zu sagen. Da kam ihm sicher gelegen, wenn Ovens auf Nimmerwiedersehen verschwand.

Seine Spur aufzunehmen, war für mich mit meiner Erfahrung natürlich kein Problem. Ovens hatte ja nur drei Möglichkeiten, über die Elbe zu kommen. Die eine war in Kehdingen, die andere in Twielenfleth, die dritte hier im Stader Hafen. In Stade hätte man ihn sofort erkannt und was man in Kehdingen mit ihm angestellt hätte, kann man sich vorstellen. Wahrscheinlich wäre das Problem dann schon erledigt gewesen und unser verehrter Kurfürst hätte viel Reichstaler gespart. So war mir schnell klar, dass nur Twielenfleth in Frage kam, und ich habe dort sofort den Mann gefunden, der Ovens, ohne zu wissen, wen er da vor sich hatte, hinüber ans Schleswigsche Ufer brachte. Er erzählte mir, der Mann sei nervös gewesen, sei dauernd aufgesprungen und habe nach hinten gesehen, so als ob er prüfen wolle, ob man ihn verfolge. Als er ans Ufer gesprungen sei, drüben, an der Hetlinger Schanze, sei er wie umgewandelt gewesen, habe fröhlich für die Fahrt gedankt und ihn großzügig entlohnt.

Ich habe kurzentschlossen auch über die Elbe gesetzt und den gleichen Weg genommen. Im Holsteinischen angekommen, wurde es schwieriger für mich, ich hatte keinen Pass oder eine Empfehlung dabei, und die Dänen sind immer sehr genau. Eine Frau hat mir dann erzählt, ein schmutzig aussehender Bauer habe in Schulau einen Wagen gemietet und dem Kutscher drei Reichstaler Anzahlung geboten, damit der ihn nach Kiel fahren solle. Sie hatte sich gefragt, was der wohl in Kiel wolle und woher er so viel Geld habe.

Ich bin dann wieder zurück nach Stade und habe mir die Erlaubnis geholt, weiter im Dänischen zu ermitteln.

In Schulau bin ich dann auch schnell fündig geworden. Ich habe mir erspart, lange herumzufragen, es wäre wohl auch zu auffällig gewesen. Ich habe einfach nach einem Kutscher verlangt, der mich nach Kiel bringen solle. Zwei Stunden später hat sich einer bei mir gemeldet, welcher sich erbot, mich dort hinzubringen. Ein paar Minuten des unverfänglichen Gesprächs und schon erzählte er, er kenne den Weg gut, weil er erst gestern dorthin unterwegs gewesen sei. Er fragte noch, ob ich etwas zu verbergen hätte, dann würde er mich nämlich nicht fahren. Als ich verneinte, ich wollte den armen Mann ja nicht verunsichern, fuhren wir los.

Er fuhr mich dann denselben Weg, den Ovens genommen hatte, wir hielten sogar vor dem gleichen Gasthaus in Bramstedt und speisten. Auf meine privaten Kosten übrigens. Ob ich den ausgelegten Betrag noch aus der Kasse ersetzt bekommen kann?

Das Bier war gut in Bramstedt und hat die Zunge des

Kutschers gelöst. Er erzählte im Vertrauen, dass er eine wichtige Person nach Neumünster gebracht habe, aber mehr wollte er dann nicht erzählen. Er sagte, dass er das Versprechen gegeben habe, alles für sich zu behalten und deshalb schweigen werde wie ein Grab. Wo der Mann doch auch so großzügig gewesen war.

Vor dem Gasthaus in Neumünster hat er es plötzlich mit der Angst zu tun bekommen und ist wieder abgefahren. Der Gastwirt bestätigte, dass Ovens hier abgestiegen war, und sagte mir, er würde oben im Zimmer schlafen.

Im Zimmer war er nicht, ich befürchtete schon, der Vogel sei erneut ausgeflogen, aber eine eindringliche Befragung des Wirtes brachte mich dann der Lösung näher. Ovens hatte Anweisung gegeben, ihn zu warnen, sobald nach ihm gefragt werde. Als ich ihm den Befehl unter die Nase hielt, dass Ovens vom englischen König gesucht werde, wurde der Mann blass. Natürlich wusste der Wirt, wo Ovens steckte, es war nämlich abgemacht, dass der Knecht zu ihm gesandt werde, falls Gefahr im Anmarsch sei. Anstelle des Knechtes ging ich selbst. Ovens fand ich in einem Badehaus. Er saß in einem großen Zuber mit heißem Wasser. Man hatte ja schon in Stade gespottet, dass er sich dauernd wasche. Ich finde, nur die Schweine suhlen sich dauernd im Wasser!

Außerdem war er nicht allein. Zwei junge Frauen, es waren eher Mädchen, vielleicht fünfzehn oder sechzehn, seiften ihn gerade ein. Was sie sonst noch mit ihm anstellten, darüber will ich hier schweigen. Man kann es sich denken. Vor allen Dingen, wenn man weiß, was sie am Leib trugen. Nämlich nichts, so wie er.

Ovens wusste nicht, wer ich bin und was ich wollte und begrüßte mich leutselig, forderte mich sogar auf, sich zu ihm in den Bottich zu setzen, die Mädchen stünden auch für mich bereit. Erst als die beiden Soldaten in den Raum stürmten, war ihm klar, dass er verloren hatte.

Ich habe ihn dann in Arrest nehmen lassen. Gerade einmal zwei Tage hat die Suche gedauert.

Ich bin sehr stolz über die königliche Belobigung, die mir danach zuteil wurde und für die ich mich untertänigst bedanke.

Ob ich noch einmal an die ausgelegten Beträge erinnern darf?

*

Ovens saß lange in Kiel in Haft, die Holsteiner wollten ihn nicht herausrücken ohne den üblichen diplomatischen Weg. Allein die Anfrage zu seiner Auslieferung bedurfte großer Anstrengung und aller königlichen Siegel. Und die hannoverischen Soldaten würde man sowieso nicht ins Land lassen. Ob man ihnen, den Holsteinern nicht zutraue, fragten sie pikiert, den Kerl sicher bis zur dänischen Grenze zu geleiten? Mit großem Aufgebot fuhren sie den Gefangenen nach Glückstadt, die Dänen übernahmen ihn nach langen Verhandlungen, hatten aber Anweisung aus Kopenhagen, auf keinen Fall die hannoversche Schaluppe zu besteigen, um ihn auszuliefern. Ovens lief die letzten dreißig Meter allein, fünfzig schussbereite Gewehrläufe, aus allen Richtungen auf ihn gezielt, trieben ihm den Schweiß auf die Stirn. Ovens kletterte an Bord, war froh, keine Kugel im Bauch zu haben und wurde umgehend im Inneren des Schiffes angekettet. Die Elbe lag still wie ein See, spiegelglatt und die Überfahrt war problemlos.

Der Stader Hafen war voller Menschen, die Nachricht seiner Ankunft hatte sich schnell in der ganzen Stadt verbreitet. Ihm konnte kaum der Weg gebahnt werden, als er das Schiff verlassen sollte. Menschen, die ihn nie zuvor gesehen hatten, zerrten und rissen an seiner Kleidung, schlugen ihm den Hut vom Kopf und mussten von den Soldaten mit den Gewehrkolben auf Distanz gehalten werden.

Er solle sich ducken, schrie ein Soldat, die Leute seien wie toll. Er solle den Arm über den Kopf legen.

Flaschen und Steine flogen, die Menge hätte Ovens in Stücke gerissen, wäre es nicht gelungen, ihn zu schützen. Er wurde von zwei Soldaten gepackt und, so schnell es ging, durch die schreiende, rachsüchtige Menge zur Engelsburg gebracht.

Ovens war froh, als sich die Tür hinter ihm schloss, er war leichenblass und hatte Todesangst durchgestanden. Vor Aufregung und Schrecken war seine Hose im Schritt dunkel und feucht geworden.

Er habe sich wohl in die Hose gepisst vor Angst, grölte ein Soldat, als er Ovens' Malheur bemerkte.

Wo seine liebe Frau sei, herrschte Ovens ungerührt die Vertreter der Obrigkeit im Gefängnis an.

Die sei in Sicherheit, meinte ein kleiner Blasser mit luftigem Bart.

Ob sie denn wohl aus Stade gebracht worden sei?
Nein.

Dann wünsche er sie zu sprechen, aber auf der Stelle, ordnete Ovens an.

Er habe hier nichts zu befehlen, meinte ein Wärter, er sei der Gefangene und habe Befehle zu befolgen und nicht zu geben. Das einzige, was man ihm jetzt auf der Stelle erlauben könne, sei in die Hose zu scheißen.

Das könne er eben nicht, erwiderte Ovens bissig, sein Bauch sei nämlich leer, er habe Hunger. Seit er aus Kiel heraus sei, habe er nichts mehr gegessen und getrunken, er verlange jetzt eine Mahlzeit.

Man habe keinen Befehl, was ihm zu bringen sei.

Er sei auch mit Wasser und einer Pfeife Tabak zufrieden, gab sich Ovens zuletzt kleinlaut. Und dann solle man ihn gefälligst in Ruhe lassen.

Es gab eine Anweisung, den Gefangenen gut zu behandeln und immer für sein leibliches Wohl zu sorgen, damit er keinen Grund für eine Beschwerde habe, die das Verfahren noch weiter in die Länge hätte ziehen können.

Ovens wurde außer dem Wasser und der Tabakspfeife ein krosser Schweinebraten und eine Flasche Wein gebracht, aber Ovens rührte beides nicht an.

Wasser und Brot müsse man solchen Vögeln geben, fluchte der Wächter, als er die erkaltete Speise aus Ovens' Zelle wegräumte. Er nahm sein Messer und stellte fest, dass der kalte Braten noch genießbar war. Der kann sich ruhig zu Tode hungern, dachte der Mann, solange es mir schmeckt.

Nach zwei Wochen kam ein Besucher, von Schulte aus Horneburg. Er wechselte ein paar Worte mit dem wachhabenden Leutnant, welcher ihn dann zu Ovens vorließ. Danach war ein zugenageltes Fenster offen, und von Schulte wurde in Arrest genommen.

Er sei nur der Neugier wegen bei Ovens gewesen, beharrte er bei seiner Vernehmung und entschuldige sich hiermit beim Geheimratskollegium.

Was er am selben Tag, ein paar Stunden zuvor beim

Geheimen Kammerrat Ramdohr zu tun gehabt habe, wurde er gefragt. Das habe man ermittelt. Dass er dort, ganz gegen die Gewohnheit mit Kaffee bedient worden sei? Was er dazu zu sagen habe?

Das sei Zufall gewesen.

Der Geheime Kammerrat Albrecht Andreas Ramdohr wurde 1724 seines Dienstes enthoben, auch sein ältester Sohn, der Kammersekretär in Hannover, wurde aus königlichem Dienst unehrenhaft entlassen.

Ovens schrieb aus dem Gefängnis Brief um Brief an den englischen König.

Es sei ihm, schrieb er, keineswegs nachgewiesen, sich etwas zu seinem Privatnutzen angeeignet zu haben. Alles sei eine kleinliche Verschwörung, die Seine Majestät auch daran erkennen möge, dass man den hoch verehrten und betagten Geheimen Kammerrat aus der Kommission entfernt habe. Er bitte untertänigst, davon Kenntnis nehmen zu wollen und, wenn es Seiner Majestät belieben möge, dagegen etwas zu unternehmen, die ganze Sache falle schließlich auch auf ihn, nämlich Seine Majestät persönlich, zurück.

Wenn er von einigen Lieferanten wie dem Kaufmann Havemeister Geschenke erhalten habe, so sei das nichts Ungewöhnliches, zumindest kein Kriminaldelikt. Er habe im Gegenzug auch viele Auslagen gehabt, die ihm niemand ersetzt habe. Wenn er einen kleinen Schaden angerichtet habe, so sei der allemal abgedeckt durch die Zurückhaltung seines Gehaltes. Er sitze nun schon drei Jahre im Gefängnis, die Strafe sei deshalb hart genug und er bitte untertänigst um seine

Entlassung in die Freiheit. Der König reagierte auf keinen der Briefe.

Ob er jetzt endlich gestehen wolle, fragten die Juristen, man sei sehr geduldig gewesen mit ihm.
Er habe alles gesagt, antwortete Ovens patzig, er könne nichts zugeben, was er nicht gemacht habe.
Dann stehe das Urteil fest.
Er sei überführt der Betrügereien während der Wischhafener Deichsache, da er aber diese nicht mit eigenem Bekenntnis benennen wolle, verurteile man ihn, mittels der Folter dazu gebracht zu werden.
Ovens wurde blass. Man brachte ihn halb ohnmächtig vor Schreck in die Zelle zurück.

Martin Meier, Scharfrichter in Stade:

Rechnung

Am 14. August 1725 habe ich den Delinquenten Jacob Ovens, ein Mann von cirka 40 Jahren, gesund, kräftig und mit fast allen Zähnen, hier in Stade in meiner Amtsstube der peinlichen Befragung mittels Tortur unterzogen.
Meine Knechte und ich haben den Ovens zuerst auf die Streckbank gebunden und das Rad fünf Umdrehungen gedreht: *1 Reichstaler.*
Meine Knechte haben die Fußzwingen am rechten und am linken Fuß angelegt und soweit gedreht, bis die Knochen brachen: *1 Reichstaler.*
Der anwesende Vertreter der Justiz hat den Delinquenten daraufhin gefragt, ob er gestehen wolle, Ovens hat es aber abgelehnt, Fragen zu beantworten.
Daraufhin wurden mit brennendem Schwefel einzelne Stellen am linken Bein verätzt: *1/2 Reichstaler.*
Als Ovens immer noch nicht gestehen wollte, wurde angeordnet, das Aufhängen zu praktizieren.
Ovens wurde mit den Händen an einen Balken gehängt, und Steine an seinen Füßen befestigt: *2 Reichstaler.*
Als ihm angedroht wurde, dasselbe mit ihm zu machen, aber dabei an den Füßen aufgehängt zu sein, hat Ovens alle Beschuldigungen zugegeben und wurde wieder abgebunden: *1 1/2 Reichstaler.*
Für die Knechte: *2 Reichstaler.*
Rücktransport in das Gefängnis (liegend):
                                                  1 Reichstaler.
Kosten für den Arzt, der Delinquent musste kuriert werden: *6 Reichstaler.*

Alimentierung des Ovens pro Woche:
1 Reichstaler, 16 Schilling.
Heizung ab Michaeli bis März, je Woche: 32 Schilling.
Beschaffung eines Wächters: 3 Reichstaler, 24 Schilling.
Für Ovens ein paar Strümpfe: 10 Schilling.

Total bis zum heutigen Datum:
138 Reichstaler und 18 Schilling.

Dazu lege ich noch eine Rechnung des Apothekers Richter dazu über 23 Reichstaler 14 Schilling.
Die Justiz war mit meiner Arbeit zufrieden, der Delinquent konnte ohne größeren Schaden der Gerechtigkeit zugeführt werden.

*

Ovens humpelte und stützte sich auf eine Krücke, als er vor die Justizkommission treten musste, die ihm das Strafmaß zu verkünden hatte.

Er werde zu einer lebenslänglichen Zuchthausstrafe verurteilt, wurde ihm mitgeteilt. Nun, nachdem der König das Urteil bestätigt habe, sei es rechtskräftig.

Er solle dem Scharfrichter danken, dass er ihm das Geständnis mit so sanften Methoden entlockt habe, andernfalls wäre er des Todes gewesen.

Ob er noch etwas sagen wolle?

Er wisse nicht, was einfacher zu ertragen sei, antwortete Ovens.

Zur Überführung nach Celle, wo er seine Strafe absitzen sollte, wurden seine Arme kreuzweise übereinander gebunden, er selbst in eine vierspännige, vergitterte Karre gesetzt und unter der Begleitung von vier

Soldaten, einem Unteroffizier und einem Knecht nach Celle gefahren.

Commissair Overheide quittierte namens des Celler Gefängnisses seinen Eingang unter dem Datum des 19. März 1726.

Von diesem Datum an verliert sich die Spur von Jacob Ovens.

Nachwort

Ich habe mit dieser Erzählung nicht versucht, eine korrekte Biographie zu schreiben. Ich wollte vielmehr mit literarischen Mitteln zeigen, wie es gewesen sein könnte, habe allerdings auf die historischen Zusammenhänge geachtet. So stimmen die Jahreszahlen mit dem tatsächlichen Geschehen überein, und vieles, was in die Erzählung eingeflossen ist, ist entweder nachgewiesen oder es entstammt als Anregung dem Text „Mein Lebens-Lauff".

Im Frühjahr 1721 hatte Jacob Ovens, nach dem Desaster des Deichbaus von 1720, als an Silvester alle Aufschüttungen wieder weggespült wurden, die Idee entwickelt, eine große Lotterie zu veranstalten. Dafür hatte er seitenlange, detaillierte Pläne über die genaue Ausführung der Lotterie ausgearbeitet. Dieses Detail aus Ovens' Leben ist in den bisherigen Veröffentlichungen nicht erwähnt worden, vielleicht aus Unwissenheit, vielleicht auch, weil es die Historiker für unwichtig hielten. Ich finde hingegen, dass dieser Plan vieles über den Menschen Ovens aussagt. Er war wohl ein Spieler, jemand, der seine Wünsche zur Not auch in einer Lotterie oder am Roulette-Tisch zu erfüllen hoffte.

Kehdingen gehörte seit 1715 zum Kurfürstentum Hannover, das mit dem englischen Königreich verbunden war. In London herrschte König Georg I, der in Personalunion hannoverscher Kurfürst war. Das gegenüberliegende Ufer der Elbe gehörte zu dieser Zeit zum Königreich Dänemark. Noch fünfzig Jahre zuvor waren große Truppen durch das Land marschiert, Stade war belagert und in Brand gesetzt worden. Der Frieden war noch nicht beständig. Die Zugehörigkeit zu Hannover beendete den langen Streit zwischen Schweden, die Stade hielten, und Dänemark, das es immer wieder zu erobern versuchte. Schon in der damaligen Zeit galt Kehdingen als ein sehr fruchtbarer Landstrich, dessen Ernten reich waren und zur Versorgung der wachsenden Stadtbevölkerungen dienen konnten.

Leibeigenschaft im klassischen Sinn gab es in Kehdingen nicht. Dörfer samt der Bevölkerung waren nie im Privatbesitz eines einzelnen Grundherrn. Deshalb war Ovens mit seinem absurden Vorschlag, das Kirchspiel übertragen zu bekommen, wenn er den Deich auf eigene Kosten errichtete, auf erbitterten Widerstand der Bevölkerung gestoßen.

Ovens ist an seinem Unvermögen, aber auch an den Widrigkeiten der Natur, an seiner Selbstgefälligkeit und seinem Hochmut gescheitert. Hätte es in dieser Zeit allerdings nicht diese ungewöhnliche rasche Abfolge schwerer und schwerster Sturmfluten gegeben, die alle seine (zum Teil auch richtigen) Bemühungen zerstört hatten, hätte er wahrscheinlich Erfolg gehabt. In der historischen Betrachtung hätten dann seine Fehler, seine Betrügereien und seine despotische Art weniger Beachtung gefunden.

Nachdem Jacob Ovens in Haft genommen worden war, wurde in Hannover beschlossen, auf weitere Versuche der Eindeichung der Wischhafener Bracke zu verzichten. Man beschloss, sie verschlicken zu lassen. Nur die beiden Defensionsdeiche sollten Kehdingen schützen. Schon im Oktober 1720 und im Oktober 1721 waren diese Deiche von Sturmfluten beschädigt worden. Sie waren mit ungeeigneter Erde bedeckt, auf der kaum Gras wachsen konnte. Es waren noch viele Arbeiten nötig, bis die beiden Deichbauwerke ihre Schutzfunktion zuverlässig erfüllten.

Die wiederhergerichteten Defensionsdeiche änderten die Strömungsverhältnisse an der Bracke und die beginnende Verschlickung ließ langsam Hoffnung aufkeimen, dass die endgültige Eindeichung nicht mehr lange auf sich warten lassen werde. Dies geschah aber erst ab dem Jahr 1740, wobei man aber auf einen direkt am Ufer gelegenen Schardeich verzichtete und einen Deich im Hinterland vor die Bracke zog, die wie eine offene Wunde in das Kehdinger Land hineinragte. Die topographische Struktur, die diese Baumaßnahme erzeugte, prägt noch heute den Ort Wischhafen. Der Kesseldeich, heute die Straße „Ketelseel", existiert noch und begrenzt die Überreste der Bracke.

Vor Beginn des Deichbaus im 18. Jahrhundert mussten sich die Kehdinger mit Schadensersatzprozessen herumschlagen. Die dauernden Querelen mit den Nachbarn setzten sich fort. Die Kehdinger wurden von den Marschgemeinden des Amtes Himmelpforten, des Gerichts Osten und der Kirchspiele aus Oberndorf und Geversdorf auf Schadensersatz verklagt, die sich in übermäßiger Weise belastet fühlten. Sie argumentierten, sie hätten in den Jahren bis 1721 viel mehr, als sie eigentlich mussten, zu den Deicharbeiten beigetragen und forderten bereits gezahlte Löhne von den Kehdingern zurück. Kehdingen wurde verurteilt, einen Betrag von über 3000 Reichstalern zu zahlen, tat dies aber nicht. Erst ab 1752 erklärten sich die Kehdinger bereit, den Betrag in zwei Raten zu zahlen.

Ab 1735 war die Verschlickung so weit fortgeschritten, dass das Land wieder landwirtschaftlich genutzt werden konnte. 1741 bekam der Celler Baumeister Pauli den Auftrag, „die Bracke in Wischhafen zu stopfen".

Am 13. September 1742 wurde nach Hannover gemeldet, dass 25 Jahre nach der Weihnachtsflut von 1717 die Eindeichung des wüst liegenden Brackfeldes gelungen sei.

Die Kosten dieses Vorhabens sollen für Kurhannover nach Angaben des in Wischhafen lebenden Heimatforschers und ehemaligen Stader Landrats Richard Toborg bei der unglaublichen Summe von 500.000 Reichstalern gelegen haben.

Anhang

In „Franckfurt und Leipzig" erschien 1724 ein Buch mit dem Titel „Mein Lebens-Lauff", als Autor wurde Jacob Ovens angegeben. Der als Biographie angelegte Text endet mit seiner Auslieferungshaft in Kiel. Optimistisch wird in den letzten Zeilen des Buches prognostiziert, dass der Autor in nächster Zeit dem hochverehrten Publikum weitere Nachrichten aus seinem bewegten Leben zukommen lassen werde. Seit der Veröffentlichung wird darüber gestritten, ob Ovens wirklich der Autor des Buches gewesen ist. Einiges spricht dafür, vieles dagegen. Ob die genaue Beschreibung seines Lebens der Wahrheit entspricht, kann man heute nicht mehr nachprüfen. Dass das Ganze eine wüste Schmähschrift voller Überheblichkeit und Arroganz ist, ist allerdings unbestritten. Sollte er selbst der Autor sein, hat er sich damit wahrscheinlich mehr geschadet als genützt, denn niemand aus seiner näheren oder weiteren Umgebung bleibt in dem Buch von seinen Unverschämtheiten und Beleidigungen verschont.

Unklar bleibt natürlich, wie er es geschafft haben soll, in der Haft in Kiel ein komplettes Manuskript zu verfassen, es aus dem Gefängnis zu bringen und veröffentlichen zu lassen. In der nachfolgenden Haft in Stade war ihm ein Weiterführen des Manuskripts offensichtlich nicht mehr möglich.

Als Zeitdokument ist es trotz der ungeklärten Autorenschaft hochinteressant. Es existieren im Stader Staatsarchiv noch weitere Dokumente aus Ovens'

Feder und auch über ihn, so zum Beispiel das Inventarverzeichnis seiner Hinterlassenschaft, die Briefe nach Hannover mit dem Vorschlag der Errichtung einer Lotterie und ein weiteres kleines Büchlein, diesmal verfasst von Peter Marteau (Cölln 1724) mit dem Titel: *„Ausführliche Nachricht von der verwegenen Flucht des gewesenen Ober-Teich-Inspectoris Jacob Ovens"*.

Im Nachfolgenden sind einige Ausschnitte aus der „Biographie" Ovens, behutsam in lesbares Deutsch übertragen, nachzulesen. Die teilweise seltsam und falsch anmutende Orthographie ist zeitbedingt und absichtlich beibehalten worden. Es gab im 18. Jahrhundert nur grobe, keine allgemeingültigen Regeln für die deutsche Rechtschreibung, jeder schrieb, wie er es für richtig hielt. So taucht manchmal das Wort „Teich" neben „Deich" auf und meint das Gleiche.

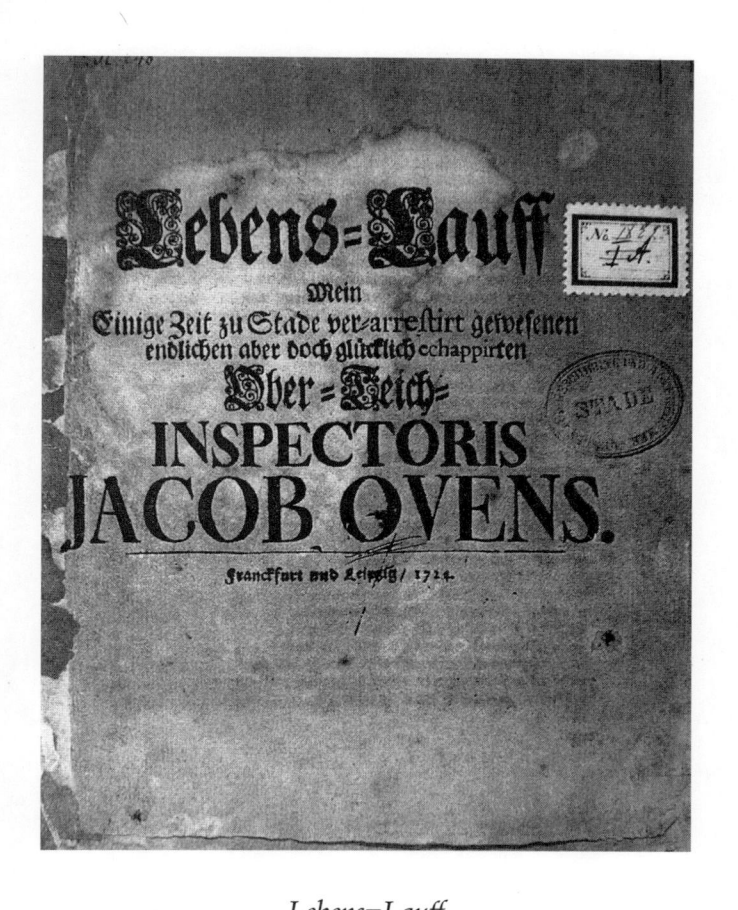

Lebens=Lauff
Mein
Einige Zeit zu Stade verarrestirt gewesenen
endlichen aber doch glücklich echappirten
Ober=Teich=
Inspectoris
Jacob Ovens
Franckfurt und Leipzig 1724

Nachdem ich erfahren hatte, dass vielleicht einige meiner Freunde meinen bisherigen Lebenswandel in ihrem Sinne zu Papier bringen wollten, beschloß ich – Jacob Ovens – der neugierigen Welt meinen wahrhaften Lebenslauff zu erzählen.

Von Geburt bin ich Schleswiger und wohnte mit meinen Eltern nicht weit von Friedrichstadt. Beide waren der mennonitischen Sekte zugetan. Mein Vater war ein Hausmann und hatte einen Distrikt der sogenannten Deiche, welche er beobachten und in gutem Stand erhalten musste, sodass ich demnach von Jugend auf Gelegenheit gehabt habe vom Deichwesen etwas zu lernen, indem ich meinem Vater als Handlanger habe folgen müssen.

Mit zunehmenden Jahren wuchs aber auch zugleich meine Begierde, mich mit der Welt mehr bekannt zu machen, desfalls fiel meine erste Veränderung auf das Landwesen und zwar eigentlich auf das Mühlen bauen. Wie aber meine Eltern sahen, dass schon viel Geld dabei aufgegangen, ich aber nichts sonderliches davon profitiert habe, so musste diesem Gewerbe adieu gesaget werden.

Nächstens verlegte ich meinen Fleiß auf das Branntwein brennen und das Destillieren allerhand kostbarer Wasser, wie dem Tau des Himmels, von Gold und anderer Materialien. Ja, ich brachte es soweit, dass ich medizinische Sachen anzurichten wusste und mein medizinisches Universalwissen ließ mich als Doktor der Medizin manchen schönen Taler verdienen, bis meines Vaters Reise in die andere Welt mich wieder nach Hause rief, um dessen Ländereien und was sonst noch geblieben war in Besitz zu nehmen.

Wie aber hier die gerechten und die ungerechten Forderungen meiner Verwandten gemacht wurden und jeder das Seinige auch bald zu sich genommen hatte, blieb mir von der Erbschaft gar weniges über. Kurz, ich war froh, dass einer meiner Vettern zu sich zu nehmen erbot, was aber nicht von langer Dauer sein sollte. Denn wie mein Vetter merkte, dass ich ein loser Vogel war, der sich in keinem Kescher einsperren lassen wollte, weil ich alle meine Einfälle gleich umsetzen wollte und wohl hunderte vor die Hand nahm und keines mir recht gelingen wollte, bedrängte mich mein Vetter zu heiraten, ich sollte sesshaft werden und mich vom Ackerbau ernähren.

Gesagt war getan. Ich suchte mir ein liebes Kind, so in der Lutherischen Religion erzogen war. Denn was die Religion anbetrifft, habe ich mich niemahlen an eine gewisse binden wollen, sondern diese mussten sich allemahl nach meinem Interesse richten.

Ich ließ mich ungefähr im vier und zwanzigsten Jahr mit jenem Menschen trauen und setzte mich auf einem im Kirchspiel Popenbüll gepachteten Hof zu wohnen nieder. Anstatt mich aber meines Ackerbaues zu widmen, ließ ich verschieden Zimmerleute kommen und sie bald diese bald jene Maschine errichten. Bald ließ ich Mühlen, bald etwas anderes bauen und hierbei verdiente ich wenigstens soviel, dass ich zur Not einen Zimmermann agieren konnte, mein Ackerbau aber ging hierbei den Krebsgang und meine Barschaften hatten die Zimmerleute und ihre Beile gefressen.

Meine Freunde und Nachbarn waren mir verdrießlich, schließlich wollte mir diese Lebensart nicht länger gefallen. Ich spannte daher mein leichtes Segel und fuhr davon und es bekümmerte mich wenig, ob meine Frau mehr Brot als Kinder nachbehielte, denn Kinder hatte sie gar nicht.

***

Wie sollte ich nun die Sache betreiben? Ich gab auch dieser schönen Sybilla Gute Nacht und ging wieder in alle Welt, den Einfältigen mein Evangelium zu predigen.

Zuerst war meine Einsprache bei dem Herrn General-Kriegs-Commissario von Platen, diesen versuchte ich zu beschwatzen, wie ich ihm eine Fabrique zur Büchsen-Schmiede anlegen wollte, auch sonderbare Büchsen-Läuffe, wie auch Säbel-Klingen von einer ganz neuen Art zubereiten wollte, welches ganze Werck nur sehr wenig kosten, weil es nur in einer von mir selbsten zu verfertigenden und hiernächst von Wasser zu treibenden Mühle bestehen würde.

Da ich aber merkte, dass ich nur verstopften Ohren vorpfiff, nahm ich meine Wanderung wieder auf und ließ mich in Königlich-dänische See-Dienste ein und als ein Monatsmann unterhalten, ging auch unter dem Kommando des Herrn von Seehestedt vor Rügen.

Wie wir uns eine Weile mit den Herren Schweden herumgebissen, ging der Rückzug wieder auf Kopenhagen zu, allwo ich mich wieder zum Wohnen niedersetzte und meine Nahrung waren, Bier und Branntwein ausschenken. Nachdem ich mir nun wieder eine Grützmühle zulegte, wollte mir abermals eine Frau fehlen, suchte deshalben so lange herum, bis ich eine

Holz-Setzers Tochter auf meine Seite brachte. Mit solcher ließ ich mich trauen, hielt auch zugleich deren Schwester, welche Ihr. Königl. Hoheit Prinz Charles Tafeldecker zum Mann hatte, fleißig an mich, welche dann so vieles Essen vom Hof mir zuschanzte, dass meine Frau eine Marketenderei damit betreiben konnte und alles an Diener, Kutscher und andere Staats-Gesindel für Geld verkaufen konnte.

Und ich kann wohl sagen, dass ich in selbiger Zeit recht bravourös gelebt habe, nur dass der Stand mir gar zu verächtlich erschien, da seit meiner Jugend an ein hoher Geist in meinem Haus herrschte, weshalb ich auch sehr gerne hörte, dass Ihro Hoheit einen Kanal durch dero Garten leiten lassen wollte.

Ich trieb meine Vorschläge dermaßen keck hinaus, dass mir die Oberaufsicht und die Befehlsgewalt über die Arbeiten zugestanden wurde.

Wiewohl ein für allemal wollte das Glück nicht einmal zu mir kommen, denn auch hier war, weiß nicht was im Wege, sodass ich mich abermahlen aus der Asche zu entrinnen genötigt sah. Meine Frau aber blieb bei ihrer Schwester in Kopenhagen und (wie ich nachgehends erfahren), so soll der Prinz mich durch öffentlichen Trommelschlag habe suchen lassen. Indessen war ich durch dergleichen Geschwätz, das ich ja allerorten umsonsten hören konnte nicht lange aufzuhalten. Bald hielt ich mich wieder im Schleswigisch- als auch Holsteinischen auf, wo es durch die Kriegswirren wacker bunt durcheinander ging.

Hier traf ich einen recht guten Freund, den ich aber noch zur Zeit nicht öffentlich nennen mag und der mir auf alle Art versicherte, wie er mir gerne helfen wolle.

Er tat es auch wirklich und verschaffte mir den Titel eines Kaper-Kapitäns auf einem Königlich Dänischen Kriegsschiff.

Wer hatte Ursach, froher zu sein als ich? Ich bekümmerte mich auch, solche Leute auf meinem Schiff zu haben, die zur Kaperei tüchtig oder vielmehr, die in der Lage waren, meine Befehle auszuführen.

Einer unter dem Haufen war so recht nach meinem Kopf. Er nannte sich zu Zeiten Haskerl, zu Zeiten aber Kayser, dessen sich in Rothenburg ob der Tauber aufhaltender Vetter aber soll sich Voek nennen. Dieser Kayser war ein durchtriebenes Schlitzohr. Ich habe ihn nachgehend in Wischhaven noch als Offizier bei meiner Arbeit gebraucht.

Mit diesem Haufen nun machte ich mich in See und musste alles nach meinem Wunsch und Willen gehen, aber nach dem beständigen Glücks- und Unglückswechsel leider! nicht allzu lange. Ich musste vielleicht nicht vorsichtig genug zu Werke gegangen sein, dass ich nicht jedes Mal gefragt, ob ich Freund oder Feind vor mir hatte.

Gewiss ist es, dass ich von einem einheimischen Räuber angegeben und bei meinen Vorgesetzten sehr angeklagt wurde. Selbiger ließ mich auch zu meiner Verteidigung zu sich rufen. Ich aber gedachte, wie jener Bube zu seinem Vater sagte: Es stehet keinem zu trauen. Aber ich desertierte nicht wie ein Franzose, sondern ging wie ein guter Holsteiner von dannen und zwar wiederum ins Holsteinische. Hier pachtete ich einen Hof und ward wiederum ein Landmann.

Als nun die Königl. Dänischen Truppen das ganze

Land inne hatten und in der Hoffnung, dass mein Hof der Aufenthalt aller Mäuseköpfe und Schnapphahnen sei, umzingelten sie solchen in der festen Hoffnung und Meinung, mich nicht nur zu erhaschen sondern auch die Flügel mir etwas zu beschneiden. Nur fehlte es ihnen darinnen, dass meine Meinung nicht mit der ihren überein traf, denn ich hatte kurzen Prozess gemacht und war zum Tempel hinaus geeilt. Allein, wo sollte ich nun hin? Die Welt war groß.

***

Hierauf ging unsere Reise zu Lande durch Bremen, wo wir zwei Tage ausruhten. Weil ich aber solche Zeit, ohne auch hier mein Glück zu probieren, nicht hinstreichen lassen wollte, so offerierte ich der Stadt meine Dienste dahin, wie ich mit einer besonderen Maschine den Weser-Strom so tief machen wollte, dass große beladene Schiffe darauf gehen, die Unkosten aber nicht über 20000 Reichstaler sich belaufen sollten.

Doch trotzdem ich meinen Worten besseren Nachdruck geben konnte durch das glaubwürdige Hamburgische Attestum, auch durch den vermeintlichen Express aus England, nicht weniger auch schließlich meinen Harburger Grundriss, so waren doch all diese Dinge den tiefsinnigen Herren Bremer in keiner Weise eindrücklich und konnte sich nicht bewegen. Wie günstig ich auch denselben und der Zeit gewesen sei, war niemand, außer mir, am Besten bekannt.

Wir reisten demnach zu Lande und zu Wasser so lange, bis wir London erreichten.

Allein! Potz Stern! Was sah ich allhier. Der alte Engel oder vielmehr Teufel, meines Kompagnons Vater wollte rasend werden, als er mich sah, noch mehr als er hörte, dass sein Sohn ohne dessen Wissen sich mit mir so weit eingelassen. Denn der alte böse Feind, mit Ernst er meint, dass ich die besten Federn für mich gerupfet hätte, er hätte aber, wiewohl er mit seinem Sohn das Harburger Werk geschultert hätte, habe gar keinen Nutzen davon gehabt. Ich probierte zwar auf alle ersinnliche Art, dem alten Scharfsinnigen etwas Dunst vor die Augen zu machen, alles aber war vergebens und darum war auch kein anderes und besseres Mittel, als den Sohn wider den Vater, diesen aber wider jenen zu hetzen. Nachdem ich diese zu bewerkstelligen das Glück hatte, gewann doch diese Sache für mich noch ein ziemlich gutes Ansehen. Weil, der Alte hatte seine köstlichen Barschaften verlaboriert und zugleich verdestilliert und wollte deshalb nur seinen Verstand, der Sohn aber die Barschaften dazu schießen, weshalb dann auch keiner ohne des anderen Beihilfe zum Zweck gelangen konnte.

Inzwischen war ich mit einem Königlich-Dänischen Baron, dem Herrn KCAHCS in Bekanntschaft gekommen. Diesem erzählte ich soviel Neues von einem Freund in Kopenhagen und leitete damit soviel in die Wege, dass er mein Gönner wurde und mich auch zum Beweis seiner Zuneigung bei seiner Exzellenz, dem Herrn Geheimen Rat von Bernstorff empfahl. Als Derosleben ich das erste Mal die Ehre hatte aufzuwarten, suchte ich sogleich den alten Engel auf das Ärgste anzuschwärzen, welches mir auch soweit gelang, dass derselbe auf einmal aus allem Kredit, ich aber in Gnaden kam. Mich aber noch fester zu setzen, sah ich zu, wie ich durch dero Lakeien einen Grundriss von Ihro

Exzellenz im Mecklenburgischen belegenen Gütern in die Hände bekam.

Hiermit ging ich zu Deroselben und zeigte Ihro, wo bei dem herum fliessenden Strom hier und dorten bequemliche Plätze für die Anlage von Mühlen sein, als wodurch das Gut um so viel profitabler gemacht werden könnte.

Meine Erfindungen, so genannte Moddermaschinen wurden auch nicht vergessen, womit die Dämme und stehenden Seen gereinigt werden könnten.

In Summe brachte ich es so weit und hoch, dass ich mich als ein Günstling von Ihro Exzellenz schätzen konnte.

Zugleich erfuhr ich auch, dass nicht weit von London ein Bruch im Deich war, welche die Engländer *Deghnon Breeck* nannten. Auch hierbei machte ich mir Hoffnung den Beutel zu spicken, ging demnach mit dem jungen Engel nach St. Johnward, Lord Major von London und trug meine Dienste an. Er wollte aber wissen, ob ich dergleichen Brüche schon vorher gestopfet und Atteste davon sehen.

Wie mir nun diese nun auch fremd und von mir vorhero nicht bedachte Frage war, auf welche ich sonsten vielleicht ein oder anderes Attest eingerichtet gehabt haben würde, so machte ich mich wieder an meinen Patron, vorgemeldeten Herrn Geheimen Rat, und bat denselben, mir zu solcher Arbeit doch gnädig zu verhelfen. Es war aber der Schwierigkeiten mit den schlauen Engländern kein Ende, jedenfalls sagte Ihro Exzellenz, wenn solche Arbeit von Grund auf verstünde und ohne des Königs und des Landes Schaden Deiche zu reparieren mir getraute, so sei ein Bruch zu Wischhaven im Stift Bremen und er wolle mich dorthin vermitteln. Vorher aber müßte ich nach seinen eigenen Gütern und mein Projekt dorten zu Stande bringen.

Ich war sehr wohl vergnügt und schickte mich sofort an, nach abgestattetem Dank für die hohe Förderung, zu meiner Ab- und Rückreise. Vorher aber überredete ich den jungen Engel, dass, weil er ja nicht sofort mit mir reisen könne, mir doch wenigstens schnellstens folgen möchte, da ich ihm die Unkosten, die er mit dem Grundriss von Harburg erlitten hatte, in Hannover wieder beschaffen wollte.

***

Wie aber Anno 1719 im November bekanntlich abermals ein außer die Gewohnheit heftiger Sturm aufkam und des Herrn Oberdeichgrafens Arbeit ziemlich wiederum weggespült und ruiniert ward, er aber noch krank lag wurde ich das Werk zu Wischhaven zu reparieren und in guten Stand wiederum zu bringen gefordert.

Ich reiste also dorthin und waren meine ersten Worte: Der Mann hätte gearbeitet wie ein … und im Fall ich meine Arbeit nicht besser als er machen würde, wollte ich den höchsten Galgen verdient haben.

So werden auch noch wohl Briefe vorhanden sein, wo ich solcher Worte mich bedient.

Der Herr Oberdeichgraf aber, so er dies erfuhr, betrübte sich hierüber dermassen, dass er nicht lange danach seinen Geist aufgab.

Diesemnach hatte ich es, wie ich es haben wollte. Ich schrieb an den jungen Engel, der zu mir kommen musste. Selbigem gab ich die Vollmacht, Gelder zu erheben und solches den Arbeitern zu bezahlen. Zu meines Leibes Verpflegung erwählte ich den Grefen Jacobi und dessen Viel-Ehr-und Tugendsamen Eheschatz, wiewohl ich letzteren auch bald wiederum kassierte und ihm gar vom Dienst abhalf, welchem dann der neuen Herr Oberdeichgraf sogleich folgen musste, weilen die beiden Herren mir nicht genügsamen Respekt zu geben wussten, als sie vielmehr en camerade mit mir zu leben gedachten, das mir aber zu dieser Zeit sehr ungelegen war.

Mein Vergnügen im Lieben auch nicht gänzlich dabei zu versäumen, half ich, eine gewisse Familie im Lande Kehdingen von der Weiblichen Linie her zu vermehren.

Also fehlte es mir an nichts. Brauchte ich Geld, so gab ich nur Anweisung an den Kassierer, der es dann auch augenblicklich abfolgen lassen musste. Anbei traktierte ich denselben so rüde, als ich es immer konnte, damit er stets in Ängsten vor mir sein musste. Widrigenfalls derselbe sonst seinem angeborenen Naturell nach vielleicht naseweis hätte werden können, und mir, dessen Rechnung nicht allemahl nach dem Evangelium und so eingerichtet waren, dass ein schlauer Kopf nicht hier und dort Notata formieren könne, in die Karten sehen möge. Ich hatte genug von dem alten Sprichwort: wagen gewinnet und wagen verlieret.

***

Als ich eben so im Nachsinnen begriffen war, erachtete ich am ratsamsten auf ein wirkliches Entkommen bedacht zu sein und zwar um so mehr, als mir in Kiel eine bessere Unterbringung zu erlangen sichere Hoffnung gemacht wurde.

Ob ich nun allhier verbleibe oder mich bei anderen schönen Frauenzimmern in Dienste begeben werde, hiervon wird die erwartete Nachricht bald den Ausschlag geben.

Was aber die die selbige Art meiner geschickten Flucht als auch die von meinem Ankläger formulierte Beschuldigung anbetrifft, davon soll dem neugierigen Publikum auch in den nächsten Tagen fernere und genauere Nachricht erteilt werden, der ich Demselben mich indessen auf des Beste empfohlen haben will.

Kiel in Hollstein
Den ... 1724

Jacob Ovens

Erläuterungen:

Allongeperücke:
Zu Beginn des 18. Jahrhunderts war diese Perückenmode noch sehr verbreitet. Wer etwas auf sich hielt, trug eine Allongeperücke. Sie wurde in der Mitte gescheitelt und die Haare fielen in Locken auf die Schulter. Ab 1730 kam sie aus der Mode.

Bracke:
Der Name der großen Ausspülung in Wischhafen nach dem Deichbruch 1717. Es entstand eine 15 Meter tiefe Ausbuchtung der Elbe, die täglich den Gezeiten ausgesetzt war und erst 1742 eingedeicht wurde. Allerdings konnte man den Deich nicht am ursprünglichen Elbufer ziehen, sondern musste einen Deich tief im Land errichten. Noch heute kann man in der Gemeinde Wischhafen die Reste der Bracke sehen.

Deiche:
- Achter- oder Hinterdeich: Bezeichnet Deiche im Hinterland, die verhindern sollen, dass Wasser aus höher gelegenen Landesteilen in das geschützte Land eindringt.
- Defensionsdeich: Als Defensionsdeiche bezeichnete man zwei im rechten Winkel zum alten, zerstörten Deich ins Land gezogene Deiche, die die Aufgabe hatten, die Region vor weiteren Überschwemmungen zu schützen.
- Kajedeich: Bezeichnet einen kleinen Schutzdeich,

meist von geringer Höhe, der das abfließende Wasser in die Entwässerungsgräben leitet. In manchen Gegenden wird der Kajedeich auch Sietwenden genannt.
- Kesseldeich, Kesselseel, Ketelseel: Bezeichnet eine Deichreparatur, die im Bogen geführt wurde.
- Kommuniondeich: In der Deichverfassung des Stiftes Bremen war festgelegt, dass jeder Landbesitzer einen bestimmten Deichabschnitt pflegen muss, bei einem Kommuniondeich war die gesamte Gemeinde verantwortlich.
- Schardeich: Ein schar am Fluss gelegener Deich wird Schardeich genannt. „Schar" bedeutet direkt am Ufer, ohne Vorland.
- Seedeich: Er wird auch Hafendeich genannt, dient dazu, die Entwässerungssysteme zweier Gemeinden beziehungsweise Kirchspiele getrennt zu halten.
- Sommerdeich: Manchmal wird das vor dem großen Deich („Winterdeich") gelegene Außendeichsland durch einen niedrigeren Sommerdeich geschützt, der das Land vor den niedrigeren Sommerfluten schützen soll. Im Winter, bei hohen Sturmfluten, soll das Land aber überschwemmt werden, um den fruchtbaren Schlick auf die Weiden zu bringen.
- Wetterndeich: Eine Wettern ist ein künstlicher Entwässerungsgraben.

Deichgraf:
In der heutigen Zeit ist der Deichgraf der Vorsteher des Deichverbands und für die Unterhaltung der Deiche zuständig. Im 18. Jahrhundert war die Position des Deichgrafen Teil der eigenständigen

Deichgerichtsbarkeit. Sie war mit hoher Reputation verbunden. Die Aufgaben waren den heutigen ähnlich. Man wurde als Deichgraf eingesetzt und war damit Staatsbediensteter. Es war kein Adelstitel, man war also kein „Graf".

Engelsburg:
Name des Stader Gefängnisses. Erbaut 1715, abgerissen 1845.

Faschinen:
Zu Bündeln in verschiedenen Größen verschnürter Reisig, meist aus Weiden. Sie dienten zur Abdeckung und Stabilisierung der Erdauflage eines Deichs.

Grützmühle:
Zur Nahrungsmittelherstellung waren die in fast jedem norddeutschen Dorf vorhandenen Grützmühlen unverzichtbar. Sie wurden von Pferden angetrieben, und das Produkt, das die Grützmühle verließ, die Getreidegrütze, war fester Bestandteil des täglichen Nahrungsangebotes. Zudem wurde daraus Zwieback hergestellt, den die Seeleute als Proviant mit auf die Schiffe nahmen.

Hausmann:
Landwirt mit eigenem, nicht gepachtetem Betrieb.

Kirchspiel:
Der geographische Einzugsbereich einer Kirchengemeinde, früher oft identisch mit den Gemeindegrenzen.

Kleie:
Die tonige Erde, die sich bei Regen voll Wasser saugt und bei Hitze hart wie Beton wird, hat den Deichbauern damals wie heute und natürlich den Bauern, die sie bearbeiten mussten und müssen, große Schwierigkeiten bereitet. Als Ausgleich für die Mühen ist der Boden sehr fruchtbar.

Klüten:
Mehlspeise. Meist werden Eier, Mehl, Milch und Wasser zusammengerührt und in Salzwasser gekocht. Arme-Leute-Speise bis ins 20. Jahrhundert. Je ärmer die Menschen waren, umso höher wurde der Mehl- und Wasseranteil und die Klöße damit immer härter.

Kummet:
Die Erfindung des Kummet hat aus dem überwiegend als Reittier genutzten Pferd ein universell einzusetzendes Arbeitstier werden lassen. Um den Hals des Pferdes wird dabei ein Holzrahmen gelegt, der bis zur Brust herunterreicht und der aufwändig mit Leder und Stroh gepolstert ist. Daran werden Seile befestigt, mit denen auch schwere Lasten gezogen werden können, weil das Tier die Kraft der Brustmuskulatur fast verlustfrei in die Zugbewegung umsetzen kann. Vor dieser Erfindung war es üblich, dass die Tiere die Lasten meist über einzelne, um den Vorderkörper geschlungene Seile ziehen mussten, was zu schmerzhaften Einschnitten führte.

Lawai:
Vorübergehende Arbeitsniederlegung zur Durchsetzung höherer Löhne. Im 17. bis 19. Jahrhundert war der

Lawai bei Deichbauarbeiten weniger die Ausnahme als die Regel. Bei Streitigkeiten und dem darauf folgenden Beschluss der Arbeiter, in den Streik zu gehen, wurde ein Arbeiter beauftragt, am Deich entlangzulaufen und „Lawai" zu rufen. Gleichzeitig wurden Lawai-Fahnen aufgestellt. Die Arbeiter legten die Arbeit nieder und zogen sich in ihre Hütten zurück. Entweder wurde erfolgreich verhandelt oder der Streik gewaltsam beendet.

Mennoniten:
Eine protestantische Glaubensbewegung, zu deren Grundsätzen es gehört, dass nur Erwachsene getauft werden. Sie entstand Mitte des 16. Jahrhunderts. Der Name „Mennoniten" leitet sich von dem Prediger Menno Simons ab, einem aus Friesland stammenden Theologen. Noch heute existieren mennonitische Gemeinden auf der ganzen Welt, vor allem im deutschsprachigen Europa, den Vereinigten Staaten und in Paraguay.

Peinliche Befragung:
Ein Verhör unter Schmerzen, unter Pein. Heute bezeichnet man dies als Folter.

Reichstaler:
Nach Richard Toborg hatte ein Reichstaler nach heutiger Kaufkraft einen Wert von etwa 100 Euro, wobei er, umgerechnet auf den damaligen Stundenlohn auch einen realen Wert von 500 Euro für möglich hält. Nach dieser Rechnung hätte der Deichbau in Wischhafen nach heutigem Wert zwischen 20 und 100 Millionen Euro verschlungen.

Schoßrock:
Eine Art Sakko oder Überziehjacke nach der Mode zu Beginn des 18. Jahrhunderts, die noch sehr vom ausgehenden Barock geprägt war. Bequemer wurde die Kleidung erst gegen Ende des Jahrhunderts.

Spatenstechen:
Teil der eigenständigen Deichgerichtsbarkeit: Wer seinen zur Pflege übertragenen Deichabschnitt nicht mehr unterhalten konnte, bekam einen Spaten in den betreffenden Deichabschnitt gesteckt. Wer ihn herauszog, konnte sich das zugehörige Land aneignen.

Literatur

Jacob Ovens ist in der wissenschaftlichen Literatur kein Unbekannter. Jeder, der über die Weihnachtsflut 1717 geforscht und geschrieben hat, kommt an ihm nicht vorbei. Besonders hervorheben möchte ich die Veröffentlichung von Richard Toborg, dessen exzellent geschriebenes und recherchiertes Buch eine Fülle von Material zu diesem Thema enthält. Ich habe versucht, die Bücher und Schriften als Ideengeber zu nutzen, sollte mir trotz aller Sorgsamkeit dennoch der eine oder andere Satz zu nahe an den Ursprungstexten geraten sein, bitte ich um Nachsicht.

- Norbert Fischer: Wassersnot und Marschengesellschaft. Zur Geschichte der Deiche in Kehdingen, Stade, 2003
- Michael Ehrhardt: Ein guldten Bandt des Landes. Zur Geschichte der Deiche im Alten Land, Stade, 2003
- Hans-Eckhardt Dannenberg, Heinz-Joachim Schulze: Geschichte des Landes zwischen Elbe und Weser, Band III, Stade, 2008
- Dirk Meier: Land unter! Geschichte der Flutkatastrophen, Ostfildern, 2005
- Richard Toborg: Die Weihnachtsflut von 1717, Wischhafen, 2004
- Heinrich Poppe: Vom Lande Kehdingen. Ein Beitrag zu seiner Kultur, Freiburg, 1924
- Manfred Jakubowski-Tiessen: Sturmflut 1717. Die Bewältigung einer Naturkatastrophe in der frühen Neuzeit, München, 1992
- W. H. Jobelmann: Der Oberdeichinspector Jacob Ovens, Stade, 1884

Krimis von Thomas B. Morgenstern
im MCE-Verlag

Thomas B. Morgenstern
Der Milchkontrolleur
Am Anfang geschieht der Mord: Else Weber, eine Frau mit zweifelhaftem Ruf, wird mit durchschnittener Kehle in einem Graben in der Nähe ihres einsam gelegenen Hauses gefunden. Die Ruhe in dem kleinen Dorf zwischen Elbmarsch und Moor ist dahin. Hans-Georg Allmers, der als Milchkontrolleur auf den Höfen aus und ein geht, hilft bei den Ermittlungen. Schließlich gerät er sogar selbst in Verdacht und wird verhaftet. Am Ende kommt es zu einer dramatischen Polizeiaktion, es gibt weitere Tote ...
Paperback, 208 S., ISBN: 3-938097-03-5

Thomas B. Morgenstern
Der Aufhörer
Eduard Rolke ist ein unbeliebter Mensch. Als er mit eingeschlagenem Schädel im Stall tot aufgefunden wird, trauert keiner um ihn. Hans-Georg Allmers, bekannt als ermittelnder Milchkontrolleur aus dem gleichnamigen Krimi-Erstling Morgensterns, steht vor schwierigen Ermittlungen. Dann geschieht ein weiterer Mord ...
Paperback, 270 S., ISBN: 978-3-938097-13-7

www.mce-verlag.de

Der Milchkontrolleur
von Thomas B. Morgenstern
als Hörbuch
gelesen von Peter Kühn

Peter Kühn liest

Thomas B. Morgenstern
Der Milchkontrolleur
Kriminalroman
5 CD
(ungekürzte Fassung)

MCE
HÖRBUCH

5 CDs (ungekürzte Fassung)
360 Minuten
ISBN: 978-3-938097-08-3

Krimis aus dem Norden
im MCE-Verlag

Cäcilia Balandat
Tatort Altes Land
Im Obsthof entdecken Rolf Mathies und Kurt Dammann – Obstbauern im Alten Land – die Tochter von Kurt blutüberströmt. Marlin überlebt den Überfall, bei dem sie mit Messerstichen traktiert worden ist. Der Angriff auf Marlin Dammann ist der Beginn einer Reihe von Anschlägen, die alle der Familie Dammann gelten …
Paperback, 294 S., ISBN: 978-3-938097-15-1

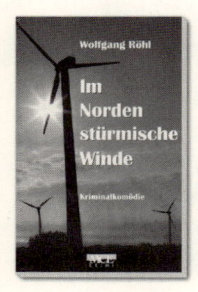

Wolfgang Röhl
Im Norden stürmische Winde
Aufruhr in Söderfleth, einem Dorf in Norddeutschland: Eine skrupellose Windenergie-Firma plant einen Windpark. Das Dorf ist gespalten. Eine Bürgerinitiative macht gegen den Windpark mobil, und bald geschehen merkwürdige Dinge. Mithilfe des legendären Wachtelkönigs wollen die Protestler das Windparkprojekt kippen …
Paperback, 192 S., ISBN 978-3-938097-11-3

Anke Cibach
La Paloma für den Mörder
Der undurchsichtige Tod mehrerer Hamburger Hafenlotsen stellt Kriminalkommissar Bruno Bär vor ein Rätsel. Gibt es einen psychopathischen Serienmörder oder Verbindungen zwischen den getöteten Lotsen? Eine Antwort findet der Ermittler nach einer spektakulären Aktion in einem Kellergewölbe in der Speicherstadt.
Paperback, 222 S., ISBN: 978-3-938097-05-2

www.mce-verlag.de

Krimis aus dem Norden
im MCE-Verlag

Wolfgang Röhl
Inselkoller
Auf der Nordseeinsel Diekerum ist Krieg um die Feriengäste ausgebrochen. Ein Investor will das Eiland auf modernen Stand bringen. Bernhard Hamm, bekannt aus Röhls Krimikomödie „Im Norden stürmische Winde", findet die Leiche eines Mannes am Strand. Hamm versucht, das Rätsel um die Leiche aufzudröseln.
Paperback, 220 S., ISBN: 978-3-938097-16-8

Thorsten Beck
Tim Börne Trilogie
Der Anwalt Tim Börne, allein erziehender Vater mit Kanzlei in Harburg, wird in spannende Kriminalgeschichten verstrickt. In der Trilogie Harburg Blues, Ausgestempelt und Der chinesische Pfeil geht es um korrupte Baufirmen, Mord in einem Fahrzeugwerk und um die chinesische Mafia.
Paperback, 255 S. ISBN: 978-3-938097-07-6

www.mce-verlag.de